Hacia la ~~Mágica~~ Presencia

Instrucciones Fundamentales

Amelia - 03·30·00

Saint Germain

Hacia la Mágica Presencia
Instrucciones Fundamentales

Grupo Editorial Tomo, S. A. de C. V.
Nicolás San Juan 1043
03100 México, D. F.

1a. edición, junio 1998.

© 1998, Grupo Editorial Tomo S.A. de C.V.
Nicolás San Juan 1043, Col. Del Valle.
03100 México, D. F.
ISBN: 970-666-070-4
Miembro de la Cámara Nacional
de la Industria Editorial No. 2961

Producción: Leonardo Figueroa E.

Diseño de portada: Emigdio Guevara C.

Impreso en México - Printed in Mexico

Autorización para divulgación

En forma contraria a lo que se ha venido afirmando respecto a que el Maestro Saint Germain ha dejado una prohibición a la divulgación de sus enseñanzas, tenemos el agrado de remitir al estudiante el Capítulo No. 29, tercer párrafo, del Libro de Oro, que dice textualmente:

"YO APRECIARÉ PROFUNDAMENTE TODA LA ASISTENCIA QUE LOS ESTUDIANTES BAJO ESTA RADIACIÓN PUEDAN DAR PARA QUE LOS LIBROS SEAN EDITADOS Y PUESTOS ANTE LA HUMANIDAD, YA QUE ESTE ES EL MÁS GRANDE SERVICIO QUE SE PUEDE OFRECER EN ESTE MOMENTO".

Saint Germain

Caminante, desvía la vista hacia tu interior para que puedas ver la grandeza de tu Gloria.

Ve la maravilla que está detrás de lo aparente; allí sabrás de esa "Fuerza", de esa "Presencia".

Es la "Ciencia de nuestro Corazón".

Así aprendes a ver, conocer, actuar, sentir, amar, estudiar y ser con el corazón.

Es el camino increíblemente mágico el que realiza "TU MÁGICA PRESENCIA"; al pasar dejaste una estela luminosa ¡De tanto Amor! que también otros caminan con el corazón.

¡Mira sus rostros!

Ellos también saben que:

Amar es igual que Ser.

ÍNDICE

Parte II

Parte III

Parte IV

INSTRUCCIONES FUNDAMENTALES

PARTE I

Ejercicios de Meditación

(Misterios Develados)

El primer paso hacia el control de uno mismo es la calma en toda actividad exterior, en la mente y en lo físico.

Emplea los ejercicios de meditación siguientes de 15 a 30 minutos, por la noche antes de dormir, y por la mañana al despertar.

Asegúrate de que no vas a ser molestado y, después de quedar en calma completa, visualiza y siente tu cuerpo envuelto en una resplandeciente luz blanca. Durante los primeros 5 minutos, conservando esta imagen, reconoce y siente intensamente la conexión entre tu forma exterior y tu Poderosa Presencia "YO SOY" y centra tu atención en tu corazón, visualizándolo como un Sol de Oro.

La fase siguiente es el reconocimiento de:

"Yo acepto ahora gozosamente la plenitud de la Presencia Divina — el puro Cristo".

Siente la gran claridad de la luz y su intensidad en cada electrón de tu cuerpo durante, al menos, 10 minutos.

Termina la meditación diciendo:

"YO SOY un Hijo de la Luz, Yo amo a la Luz, Yo sirvo a la Luz, Yo vivo en la Luz. Yo estoy protegido, iluminado, colmado, sostenido por la Luz y yo bendigo a la Luz".

Recuerda siempre: **¡Se llega a ser aquello en que se medita!**

Técnicas de Respiración

Haz todas las respiraciones en números pares repitiendo mentalmente una afirmación y guardando la atención en la Presencia YO SOY.

Visualízate dentro de un Sol de Oro, no exageres la amplitud de los tiempos de inspiración, de inspiración o de expiración. Haz los ejercicios con regularidad, pero con ponderación.

Ejemplos de afirmaciones:

YO SOY Luz   (4)

YO SOY Amor (4)

YO SOY, YO SOY el Aliento Equilibrante (10)

1)   Respiración Equilibrante:

Inspirar por el orificio izquierdo diciendo la afirmación, guardar la respiración repitiendo la afirmación, expirar por el orificio derecho diciendo la afirmación, permanecer vacío repitiendo la afirmación. Después invertir la operación.

2)   Respiración Energética:

Inspirar profundamente sin enunciar la afirmación, enunciar la afirmación guardando el aliento, expirar como si se quisiera silbar (pero sin hacerlo) sin dar la afirmación, enunciar la afirmación quedando vacío.

3)   Respiración Rítmica:

Inspirar dando la afirmación, guardar el aliento dando la afirmación, expirar dando la afirmación, permanecer vacío dando la afirmación.

Directivas Prácticas para la Armonía en el Cuerpo Físico
por Saint Germain

1) Beber un vaso con agua pura, cargada, cada mañana, empleando esta fórmula sagrada:

YO SOY, YO SOY la Presencia que carga esta agua con la Esencia de Vida que yo absorbo, que renueva mi cuerpo en una perfecta salud, una eterna juventud y belleza.

2) De pie, con la mano izquierda en el aire, con la palma hacia arriba, pasar la mano derecha sobre el abdomen subiendo por la ingle izquierda hacia la cintura y descendiendo hacia la ingle derecha, visualizando la energía electrónica azul saliendo de los dedos y que normaliza el trabajo del tubo digestivo, por la radiación del amor divino.

3) Estupefacientes, narcóticos, alcohol, tabaco, carnes y pescados, ajo, cebollas. No hay que hacer uso ni de demasiada sal, ni demasiada azúcar, ni café, ni te fuertes. Todas las sustancias antes mencionadas deben eliminarse, por orden de importancia.

4) Bendición del alimento:

Oh, Poderosa Presencia, acepta este alimento, transmútalo por el poder de tu Llama Violeta y cárgalo con la Esencia de la Vida por tu Llama Oro. Haz que estos alimentos perfeccionen nuestros cuerpos en el instante mismo y danos la Ascensión en esta vida misma sin pasar por el cambio llamado muerte.

Bien Amado Maha Chohan y Grandes Seres que dirigís los poderes de la naturaleza, todos los seres de los elementos, vosotros, nuestros hermanos y hermanas que habéis cooperado a la producción de estos alimentos, os amanos, os bendecimos y os damos las gracias.

Bien Amada Presencia, da a nuestros hermanos unos alimentos tan buenos como los nuestros, o mejores si así lo desean, y haz que reconozcan que tú eres el donante y danos a todos la victoria de la Ascensión en esta vida misma sin pasar por el cambio llamado muerte.

Gracias, todo está cumplido.

Instrucción Sobre el Astral

En todo lo que está en relación con el mundo astral, hay un elemento de deseo humano. A menos que se rehúse todo contacto con el mundo astral (es decir, con los siete planos de manifestación formal sutil, situados entre la tierra física y el plano electrónico o crístico) estáis expuestos al peligro de abandonar la ejecución de decisiones excelentes que hayáis tomado, porque hay en estos planos astrales fuerzas infinitamente más sutiles que en el mundo exterior.

Algunos creen que hay fuerzas buenas en el astral, pero Yo os afirmo que jamás fuerza buena alguna ha venido al mundo astral, toda buena fuerza que parece venir de allá debe pasar a través de estos planos, perforando su propio túnel de luz protectora y aislante.

¿De qué está constituido el mundo astral? Sólo hay un lugar en que la creación humana indeseable pueda alojarse: es decir, en los planos contiguos al plano físico, o sea, en las esferas astrales. Y, en efecto, ahí es donde se encuentra relegada toda la actividad indeseable, toda la acumulación de discordia generadas por la humanidad durante los siglos pasados. Por este hecho, es evidente que nada bueno viene jamás de un contacto cualquiera con las esferas astrales, NADA tienen de común absolutamente con el Cristo.

Hay una diferencia tan grande entre las esferas de manifestación astrales y lo que algunos han llamado la Estrella Astral, como la que hay entre la oscuridad y la luz. La así llamada "Estrella Astral" es un malentendido. El verdadero nombre es "Estrella Astrea". Esta no es un plano sino una actividad de la cuarta esfera. Astrea es un Ser Cósmico cuya actividad consiste en consumir las creaciones del astral y contactar con los individuos cuya atención es atraída por los mundos astrales, a fin de instruirlos y de purificarlos de todo deseo de contacto con los mundos infortunados del astral.

Durante las horas de sueño la mayor parte de la gente va a la esfera en que se encuentran los desencarnados.

Hasta los 2.300 metros, los planos del pensamiento en la atmósfera se superponen como sigue:

1) El plano del crimen (capa muy espesa de sustancia descalificada).

2) El plano del odio (más áspero).

3) El plano de la cólera (más espeso).

4) El plano de la crítica, juicio condena y chismorreo que forman una capa de sustancia descalificada muy espesa, en la que se mueve el pensamiento de un muy gran número de seres humanos, consciente o inconscientemente.

5) El plano de la tolerancia o de la voluntad de dar a todos la libertad de pensamiento y de palabra. A partir del 50 plano entramos en la luz.

6) El plano de la alegría en que todos se regocijan de una manera indecible del reconocimiento del poder divino en todo.

7) El plano del amor puro donde sentimos sin desprecio la Presencia Divina en todos. De este plano pasamos a la Octava Crística.

8) Plano donde reina la perfección y la felicidad sin mezcla.

El Poder de la Atención

Queridos estudiantes que tan seriamente buscáis la luz: Sabed que sólo la Única Presencia YO SOY, Dios en vosotros, es vuestra invencible protección. No disperséis vuestra atención sobre esas cosas externas tales como la Astrología, la Numerología, el Espiritismo u otras que distraen vuestra atención de vuestra Poderosa Presencia YO SOY, que es vuestro Ser Real.

Si confiáis siempre en vuestra Presencia YO SOY, ella os conducirá por caminos floridos y quedaréis envueltos en el bálsamo de su exquisito perfume. Estaréis fortificados y bañados en esta paz que sobrepasa toda comprensión humana. La detención de la agitación mental os permitirá entrar en el Gran Silencio donde realizaréis la unión con el yo, la Presencia YO SOY, la realidad de la actividad divina.

Mis queridos amigos: Debéis comprender que es imposible servir a dos maestros y no obstante, ganar la Victoria de la Liberación. Vuestro libre arbitrio os obliga a escoger. Si escogéis lo externo, olvidando a la invencible Presencia YO

SOY, sólo me queda envolveros con amor en mi manto de poderosa protección hasta el día en que os determinéis a volver a Dios, el Único.

Si optáis por vuestra Poderosa Presencia YO SOY y os adherís firmemente a ella, entonces vuestras luchas terminarán rápidamente y viviréis dentro de una esfera de armonía y de perfección que os permitirá mirar la vida exterior con comprensión, pero sin la menor simpatía que pueda trabar vuestro propio crecimiento espiritual.

Me recuerda esto la afirmación: "¡Buscad primero el Reino de Dios y todo lo demás se os dará para su uso, bajo vuestro mandato!"

Este reino de Dios es vuestra gran Presencia YO SOY, vuestra única realidad. a quien pertenecen todas las cosas creadas y manifestadas y quien las da.

¿No es extraño queridos estudiantes, que un ser humano pueda estar tanto tiempo en el desierto de la discordia y de las limitaciones, cuando tiene contentamente cerca de sí a esta Maestra Presencia Luminosa, esta presencia que espera que la atención se vuelva a ella, permitiéndole que os inunde toda perfección manifestada? Debe comprender el estudiante que no se puede dividir la atención entre las cosas externas y la Presencia YO SOY, porque una cosa divina contra sí misma se arruinará tarde o temprano.

Toda grandeza pertenece a la presencia y ella gobierna la forma o, al menos debería hacerlo.

En ella hay fuerza, valor y poder. Queridos hijos: Si pudiérais daros cuenta plenamente qué privilegios se os ofrecen y cómo es posible, en un tiempo relativamente corto, ganar vuestra liberación de toda limitación.

NOTA: *La diferencia entre Compasión Divina y la simpatía humana es tan grande como la diferencia entre la luz y las tinieblas. La Compasión Divina tiene la atención del estudiante anclada en la Poderosa Presencia YO SOY, llamándola en acción para producir la perfección.*

En la simpatía humana la energía surge descalificada por el sentimiento de la imperfección y no hace sino intensificar la imperfección ya existente.

¿Qué es la simpatía? No es sino un acuerdo, una aceptación de la imperfección.

Hagáis lo que hagáis, estad en guardia ante la simpatía humana, no os dejéis deslizar en las arenas movedizas, sino permaneced conscientes de vuestras alas que pueden elevaros por encima de toda destrucción.

No juzguéis a nadie, en absoluto. En cambio, penetrad gozosamente en la radiación de vuestra Presencia YO SOY y todas las cosas manifestarán la perfección.

Visualización de la
Armadura de Luz

Queridos hijos de la luz: Llamad a vuestra Poderosa Presencia YO SOY y a los Maestros Ascendidos a fin de que os revistan con su Armadura de Luz, que es tan real y tangible como vuestros vestidos. Es ésta una condensacion de Sustancia electrónica pura, que viene del corazón de vuestra Presencia YO SOY y está cargada del entendimiento divino de los Maestros Ascendidos para daros una protección invencible y eterna. Los maestros os piden que os visualicéis en esta Armadura de Luz cristalina. Este vestido de las Esferas Superiores es similar a la armadura de los Caballeros de las Cruzadas. Comprenden igualmente el casco con visera. Los maestros se revisten con esta armadura cuando van a los mundos del astral para liberar a los que allí se encuentran aprisionados. Los seres siniestros sienten un invencible temor por la Luz Blanca resplandeciente irradiada por esta vestidura: saben que ha llegado su fin.

Con la visera baja y la flamígera Espada Azul en la mano, el maestro se hunde en las tinieblas del astral con la rapidez del rayo y secciona los tentáculos de los individuos viciosos que aprisionan a los desgraciados caídos en sus espejismos.

Hasta los 2.300 m., la atmósfera se encuentra oscurecida, no solamente por el número considerable de almas desencarnadas que no pueden salir de la tierra a causa de sus deseos materiales no saciados, sino también por las formas-pensamientos creadas por el conjunto de la humanidad ignorante y rencorosa. La presión de esta energía descalificada es la causa de todas las desgracias de la humanidad, las condiciones atmosféricas extremas, las epidemias el estancamiento de los negocios, los numerosos casos de enajenación mental y las enfermedades incurables.

Sólo los seres que conocen la técnica de la Armadura de Luz pueden aventurarse sin peligro para ellos mismos, en estos dominios del psiquismo para ayudar a las almas que allí vagan.

En nuestra vida cotidiana, pasamos constantemente junto a desencarnados y bajas formas-pensamientos. Para permitir que nos protejamos contra estas vibraciones indeseables, los maestros nos explican la visualización de la Armadura de Luz. Cada mañana, al vestiros, veos dentro de esta Armadura de Luz Cristalina. Reanudad vuestra visualización antes de meteros en la cama a fin de que vuestro entendimiento, al salir del cuerpo físico, en uno de vuestros cuerpos más sutiles, pueda alcanzar el círculo electrónico del Sol o cualquier otra esfera de luz, sin quedar aferrado por los individuos o las formas viciosas del astral. Evitaréis así la fatiga de sueños incoherentes o de pesadillas. Por nuestras llamadas al Arcángel Miguel y. sobre todo, al Maestro Astrea, podemos obtener la purificación de la Tierra y de su atmósfera —para el mayor bien de las almas a la deriva y de la misma humanidad. Esta visualización debe hacerse de pie.

Visualización de la Presencia Luminosa

La visualización de la Presencia Luminosa de Jesús o de otro Maestro Ascendido, es el medio más poderoso que permite crear un foco por el que la consciencia del Maestro Ascendido puede obrar en la experiencia física de un individuo, de una nación, de la humanidad o de la Tierra misma.

El poder que el Maestro puede concentrar en su presencia luminosa es irresistible porque es la operación de una ley inflexible que no ha sido explicada en el mundo exterior.

La imagen de Jesús o de otro maestro debe tenerse con claridad en la mente: el cuerpo de sustancia blanca centelleante, emitiendo largos rayos de luz chispeante continuamente y penetrando en la persona, el lugar o la condición que debe tratarse. Esta imagen constituye una copa en la que el maestro concentra sus rayos, que son una actividad todopoderosa porque están constituidos de la sustancia energizada y cargada por la consciencia divina del maestro que les da la cualidad requerida para producir una acción instantánea y sostenida. El color de los rayos puede variar según el resultado de lo que se desee obtener, pero quedando el cuerpo del maestro siempre blanco centelleante.

Para producir el sentimiento de Amor Divino, de paz, de quietud, de comodidad, es necesario ver los rayos como de oro líquido, chispeando si se necesita mucha energía, opacos si se necesita la cualidad calmante. Tal es el caso en la curación de los niños. Para difundir la Compasión Divina, ved los rayos de un rosa delicado irisado de oro como en el nácar o en los últimos resplandores de una hermosa puesta de Sol.

Cuando se busca una actividad purificadora, tanto en el cuerpo físico como en los sentimientos o los pensamientos, se visualizan los rayos de un violeta luminoso intenso, tales como la luz reflejada por un diamante puro o el neón.

Los rayos azul eléctrico aumentan la energía; es necesario siempre calificarlos de Amor Divino. El rojo o el negro jamás se emplean por los Maestros Ascendidos. Es un signo infalible que pemite reconocer el género de fuerza utilizada.

El empleo de la energía divina para curar cuerpos sin aportar la iluminación al espíritu, atrae siempre sanciones sobre el que lo hace.

El que emplea su don de curación con un fin lucrativo lo perderá, e incluso será forzado a salir de su propio cuerpo físico. Al ayudar a los que sufren a pensar correctamente, a purificar sus sentimientos y sus acciones, se elimina la causa del mal y se obtienen curaciones permanentes.

Al visualizar la imagen de un Maestro Ascendido, debe verse considerablemente más grande que el paciente o la condición a tratar.

Debe mantenerse la imagen el tiempo suficiente para que el paciente o la condición sean como absorbidos por la imagen del Maestro. Si se trata de una localidad. de un país o del planeta, ved la imagen del maestro en proporciones gigantescas, en un globo o Sol de Oro chispeante de donde parten rayos de un azul-violeta, como relámpagos, y formando una cúpula por encima de la condición a tratar.

Se puede igualmente ver la Presencia Luminosa de un Maestro Ascendido en miniatura, en un Sol de Oro, en medio de la frente, entre los ojos.

El hábito de esta visualización sobre nuestra propia frente o la de nuestros interlocutores, constituye para nuestra mente una protección todopoderosa contra las sugestiones o tentaciones hipnóticas del exterior. Es imposible sobreestimar el poder de la visualización de la Presencia Luminosa. Es una actividad trascendente que produce resultados milagrosos.

El que toma el hábito constante de practicarla constata que, por esta práctica, puede controlar a las personas y las circunstancias, y que se convierte en un foco, un centro de radiación que difunde silenciosamente la armonía, el amor y la perfección a su alrededor.

Instrucción Concerniente al Servicio

por Nada, Hija de Mars y por Saint Germain

El privilegio de servir a la humanidad es una gran bendición, pero el primero y más grande servicio divino es el de reconocer y aceptar plenamente a vuestra Poderosa Presencia YO SOY, su llama en vuestro corazón y su gloria por encima de vosotros.

Las ideas que del servicio se hace la gente son erróneas. Muchos actos considerados como servicio no son sino esclavitud impuesta por los sentidos de uno mismo o de los demás.

La realización de actos físicos para satisfacer o halagar los deseos o las necesidades del Yo Externo no es servicio, no lo ha sido y no lo será jamás.

Os ruego que abandonéis esta falsa idea de servicio, porque os digo francamente y en verdad que esto no es exacto. El primer servicio para todo ser humano es la alabanza y la adoración del Yo divino. La Presencia de Dios en el cora-

zón de cada individuo. Guardando constantemente la atención de la mente inferior sobre la Presencia YO SOY, ésta llegará a levantar el entendimiento humano a la plena aceptación del Supremo Poder Conquistador anclado en la forma
humana que, despues de todo, es divina.

Si en los servicios que queremos prestar a nuestro prójimo olvidamos guardar nuestra atención fija en nuestra
Presencia YO SOY, fuente del amor divino, entonces hemos
perdido en gran parte nuestra energía.

Si todo nuestro tiempo está embargado por el trabajo,
para satisfacer las necesidades de los sentidos y no se presta
atención alguna al manantial, a la Presencia YO SOY que
produce todo lo que tenemos necesidad, entonces hemos fallado en la finalidad de la existencia.

El único servicio real es el de guardar la atención sobre la
Presencia YO SOY y aceptarla con tal firmeza que la mente
exterior vibre al unísono con ella. En este momento los actos
de la vida cotidiana devienen con toda naturalidad el servicio
divino perfecto del momento presente.

De esta manera, el Gurú interior —la Presencia YO
SOY— dirige la actividad exterior y el plan divino se cumple. Antes de haber recibido la iluminación el Yo Externo
desea mostrar sus capacidades. Pero todos estos afanes humanos están predestinados al fracaso y, bajo el choque producido por el hundimiento de sus vanas tentativas, el pobre
yo humano se despierta y termina por mirar hacia lo alto,
hacia el manantial del poder que había olvidado o voluntariamente rechazado.

Nuestro libre albedrío nos obliga a escoger entre los titu-
beos del intelecto o las directivas divinas de nuestra gran

Presencia YO SOY. Jamás la presencia se impone. Espera ella que la invitemos a tomar posesión de su templo. Cuanta más alegría pongamos en la aceptación de nuestra Presencia YO SOY más rápidas serán las manifestaciones de su poder. La aceptación de la presencia debe ser firme.

Debe fijarse la atención en la presencia todo el tiempo y con la intensidad suficiente para despojar al Yo Externo de todas sus pretenciones al poder. El Yo Externo no puede negar el hecho de que toda la energía que emplea, en general para crear sus propias desgracias, le es dada por la Presencia YO SOY.

Jamás permitáis que vuestras ocupaciones profanas os priven del tiempo necesario para comunicaros con vuestra divinidad, sin compartir y con la suficiente duración para darse cuenta de que vuestra presencia os guiará hacia el verdadero servicio y os hará que hagáis lo que debe hacerse. Ahí tenéis la verdad en lo que concierne el verdadero servicio; "No tendréis otros dioses que Yo. Tu Presencia YO SOY, es el primer Mandamiento y el cumplimiento perfecto de la Ley".

Extracto del Discurso XX de Saint Germain:

Vuestra propia Divinidad debe tomarse en consideración ante todo. Conviene darle vuestra constante adoración. Este acto elevará vuestra consciencia al plano en que seréis fortificados y capacitados para prestar ayuda a millares de seres.

Ninguna acumulación de servicio da un provecho permanente, en tanto que la individualidad no ha aceptado primero y dado adoración a su propia divinidad, la Poderosa Presencia YO SOY. Los que desean servir a la luz y hacer realmente el bien deben comprender esto primero.

Los estudiantes dicen: "Si vo tuviera dinero, cuanto bien podría hacer". Es una ilusión.

Cuando la unión con la Presencia YO SOY se haya realizado, vendrá para el servicio todo el dinero necesario y nada en el mundo puede impedirlo.

Instrucción Concerniente a la Diferencia entre "OM" y "I AM"

Saint Germain

La expresión oriental para YO SOY es "OM". Más o menos es lo mismo que "I AM" como significación para el mundo occidental: I AM signfica "YO SOY" en español.

En lo que me concierne (Saint Germain), prefiero por mucho la expresión YO SOY, porque esta significa claramente: "Dios en acción en el individuo". "OM", siguiendo la comprensión oriental, significa una Presencia Universal y no da al discípulo una idea tan exacta de la Presencia Divina YO SOY obrando a través de las individualidades.

Esta diferencia en la comprensión explica las condiciones sociales que existen en la India. Centenares de millares de seres, a causa de la confusión de las castas, han caído en el error consistente en creer que la entonación "OM" es lo único necesario en su vida. Cierto es que el empleo de "OM" produce una actividad en numerosos casos, pero "OM" tiene, por consiguiente pocos efectos prácticos.

El método de los Maestros Ascendido a través de las edades, desde tiempo inmemorial, ha sido el empleo consciente de la Presencia YO SOY. Es preciso reconocer y aceptar plenamente a Dios en acción en el individuo, atrayendo así, siempre más la plena actividad inteligente de la Presencia Divina en el hombre.

La más simple y la más poderosa afirmación que puede hacerse es YO SOY.

Al mismo tiempo es necesario recordarse que YO SOY aporta consciente o inconscientemente la plenitud de la Energía Divina en acción a nuestra vida.

Emplead siempre YO SOY y no "OM".

Diferencia entre la Oración y la Llamada Consciente o Decreto

Saint Germain

Atraigo de nuevo vuestra atención sobre el hecho de que es absolutamente necesario llamar a la Poderosa Presencia YO SOY conscientemente en acción, porque esta llamada da a los Maestros, a la Legiones de la Luz y a los ángeles el derecho, la autoridad de prestar el servicio pedido: porque toda llamada hecha a la Presencia YO SOY deber ser ejecutada.

La antigua idea de plegaria u oración, que ciertamente es bella, está lejos de tener la eficacia de estas llamadas conscientes a la Presencia YO SOY que son millares de veces más poderosas, porque millares de discípulos las repiten cada día.

La oración dirigida a Dios como una Presencia Universal, contiene generalmente una forma de duda, una incertidumbre; se espera recibir una respuesta a la oración; mientras que en la llamada consciente o decreto, vibra la certidumbre absoluta de que el resultado se manifestará, puesto que es el Cristo, Dios en nosotros, quien expresa la voluntad divina por la boca de su vehículo físico.

Significación Exacta de la Palabra "Alma"

Dada por el Gran Maestro de Venus: Victory

Todos habéis oído la oración de los tiempos pasados: "Dios, salva mi alma".

Ahora bien, el alma es vuestro cuerpo de deseos, vuestros sentimientos humanos, vuestro pasado, que es como decir pasivo. Es, en suma, eso que ha creado toda la discordia que os perturba un tanto a los individuos. La palabra alma como se emplea corrientemente no es, por consiguiente, y en manera alguna, un sinónimo de la palabra Dios. La palabra alma debe reservarse para designar toda la energía descalificada, todo el psiquismo, toda la creación humana.

Dios en el hombre, el Cristo, es la Presencia de Vida, ¡La Poderosa Presencia YO SOY!

No tenemos por qué ocuparnos en detalle y constantemente de nuestra alma, de nuestro pasado, pongamos todo

esto en bloque en la Llama Violeta, que es la gracia, la misericordia divina, ¡Perdonémonos y perdonemos a toda la humanidad los errores del pasado acusados por nuestra ignorancia, de las leyes divinas de la creación, las leyes del empleo
de la energía y seamos al fin libres!

El Círculo y la Cúpula de Llama Azul

Sanat Kumara

La discriminación es una de las más indispensables cualidades a un estudiante YO SOY. Que vuestro entusiasmo no os arrastre a contactar acumulaciones de fuerzas destructivas que se desencadenen contra vosotros mismos. No es esto indispensable. La verdad concerniente a esta Presencia YO SOY y a la actividad de Saint Germain puede y debe ser presentada por el poder del Amor Divino.

Haced todo vuestro trabajo, tanto individualmente como en grupo, siempre envueltos en vuestro Círculo de Llama Azul.

Estáis en este Círculo de Llama Azul. ¡Si pudiérais ver este círculo de ruego que es la Llama Azul, quedaríais extasiados!

Sed siempre conscientes de que este círculo está ahí, invencible alrededor de vuestro tubo de luz.

Es una actividad diferente y aunque las dos sean protectoras, el muro de Llama Azul es una actividad específica de esta protección.

El Gran Sanat Kumara recomienda especialmente la visualización de una cúpula de Llama Azul, por encima de todo lo que tiene conexión con nuestra actividad YO SOY. Esta cúpula de Llama Azul que la presencia y los Maestros Ascendidos proyectan a nuestra llamada impide que nos toque la discordia, las limitaciones o imperfecciones. Ved, saliendo de esta cúpula, el dinero, los locales, todo lo que es deseable para el servicio de la luz. No solamente para nuestra actividad, sino para toda la humanidad.

Instrucción Concerniente a los Colores

El empleo de la acción vibratoria de los colores es extremadamente importante para vuestra felicidad, vuestra salud, vuestra prosperidad y vuestra protección.

La Luz, la gloriosa Luz Blanca, es la pureza y el poder de la vida. Los colores claros y brillantes irradian más luz y, por consiguiente, más perfección. Ningún ser humano en la Tierra puede esperar el goce de la felicidad, de la salud, de la prosperidad o de la perfección en la mente, el cuerpo y las actividades, si se viste habitualmente de negro, de rojo o de otro color apagado o desunido y deslavazado. La tasa vibratoria de estos colores es destructiva para el cuerpo de deseos

y atrae las mismas vibraciones destructivas de la acumulación discordante masiva de toda la humanidad.

La Luz es vida; la Luz es salud; la Luz es prosperidad; la
Luz es protección.

La Luz espiritual, mental y física es lo que todos desean y
a la que todos aspiran.

Los bebés y los niños pequeños son muy sensitivos a los
colores y, con frecuencia, las personas vestidas de negro, rojo
u otros colores destructivos los aterrorizan. Rodeando a los
niños de los colores: oro, rosa, violeta, azul claro y blanco, se
les hacen armoniosos y se les puede dirigir fácilmente.

Las opiniones y teorías corrientes en lo que concierne a
los colores no cambian la Ley Poderosa de Energía y de
Vibración, la luz clara y brillante es más alta en vibración y
excluye la imperfección. Sólo después del gran cataclismo de
hace ochenta mil años, la humanidad conoce y emplea el rojo
y el negro. Cuando se llama a los grandes seres para que
obren en ciertas circunstancias, siempre emplean su ciencia
de los colores para protegerse, recubriendo el plexo solar y el
bazo de placas especialmente cargadas.

Las vibraciones de la fuerza siniestra jamás os tocan en
estos puntos y muy especialmente en el plexo, que es la puerta abierta de nuestro cuerpo de deseo. Protejámonos, por consiguiente, empleando para nuestros vestidos y en nuestros
ambientes interiores sólo colores constructivos, luminosos.

El Gran Director Divino dice textualmente: "Ciertas personas aseguran: esto no me concierne, yo no tengo necesidad
de la Llama Violeta, yo no tengo miedo al negro o al rojo".
Puede ser que no tengáis miedo a un tigre, no obstante éste es
muy capaz de haceros pedazos.

Queridos hijos de la Luz: ¿Cuál puede ser la causa de las desgracias de la humanidad durante centenares de millares de siglos? Al principio fue naturalmente, la propia discordia de los humanos, más cuando hubieron generado una cierta cantidad, tomaron contacto forzosamente con todas las vibraciones discordantes correspondientes.

El negro representa la muerte; el rojo la cólera intensa y, cuando estáis discordantes, aceptáis estas vibraciones. Por la esclavitud y la dictadura de la moda y de la sociedad continuáis empleando estos colores.

Desgraciadamente no es posible escapar, a las consecuencias.

¡Qué lástima! Cuando nosotros, seres perfectos y poderosos, echamos una ojeada sobre la vida social, plena de orgullos y arrogancia, decimos: ¿Cuándo despertarán? No hablo de todos, pero algunos exageran su arrogancia. No condescenderían ellos a asistir a este servicio, por temor de que algunos de su círculo los viera.

Pero Yo, un ser puro y magnífico, la autoridad y el gobernante de la corriente de vida de la humanidad, Yo vengo para asistiros. La Gran Diosa de la Pureza ha salido del Gran Silencio a fin de ayudar a purificar a estos humanos que en su orgullo y arrogancia, dicen: "No podemos perder nuestro tiempo con pretendidos Maestros Ascendidos a esta así llamada Poderosa Presencia YO SOY. No tenemos ninguna prueba de su realidad".

¡Qué locura, qué puerilidad! Un día la vida les dirá: "Al presente, habéis agotado todos vuestros recursos, ¿qué váis a hacer?, habéis derrochado vuestras posibilidades".

Cada ser humano incorporado actualmente está en la bifurcación de dos caminos. Ya no se conceden otras incorporaciones para escoger. Necesario es decidirse ahora en los meses venideros.

¡Pensáis que no conocemos la ley que gobierna esta Tierra y a cada ser que la habita, cuando hemos dado obediencia a esta ley a fin de poder aplicar su poder invencible! ¡Dudáis en conformaros a unas pequeñas reglas de vida que se os explican, más nosotros damos obediencia a las grandes demandas y mandamientos cósmicos!

El foco central de inteligencia y de vasta radicación de este sistema de mundos no es un mito y es la primera vez. desde hace mucho tiempo, que la atención está fija en América.

Llevar el Color Propio del Día

Con el fln de recordar a los estudiantes YO SOY a que acepten el amor, la radiación, el poder, los milagros y las bendiciones especiales que los Maestros Ascendidos difunden a través de cada color, que se lleve el color del día. Cada color es un foco de concentración especial para la cualidad que la Poderosa Presencia YO SOY y los Maestros Ascendidos difunden siempre a través de las llamas y de los rayos de luz que dirigen.

Así pues, si llevamos los diferentes colores indicados en la carta y el cuerpo causal vierte su amor en el color apropiado cada día, se establece un equilibrio en todas las cualidades que los Maestros Ascendidos saben que nos son necesarias para curar, proteger y forzar la victoria para que se manifieste en nuestro ser y en nuestro mundo para siempre.

Cuando todo el Grupo está vestido del mismo color, puede ser aumentada la intensidad de la radiación; la fuerza-viva es mayor; puede darse un mayor poder en respuesta a los decretos para asistir a los bien-amados países de cada uno de nuestros seguidores y traer la paz al mundo.

La Ley de Energía y de Vibración es la Ley de Causa y Efecto y no comete error.

Cuando las gentes no quieren obedecer a esta ley, significa esto que no desean otra cosa que la discordia y la destrucción en sus propios seres y mundos. ¡Los Maestros Ascendidos nos han hecho el don más divino de toda la eternidad —la mayor bendición de toda vida, por doquier y siempre— no hay compensación para este don! Se otorga bajo las condiciones fijadas por los Maestros Ascendidos y no según los deseos de seres no ascendidos.

Si esperamos ser liberados por la Bien-Amada Poderosa Presencia YO SOY y por los Maestros Ascendidos no puede venir nuestra libertad sino de conformidad con las directivas de los Maestros Ascendidos porque ellos solos son eternamente maestros.

Dado en amor y obediencia al servicio de ellos, para siempre.

YO SOY.

Su Mensajero.

Mrs. G.W. Ballard

Prácticas:

Lunes:	Dorado
Martes:	Rosa
Miércoles:	Blanco
Jueves	Verde
Viernes:	Oro y Rubí
Sábado:	Violeta
Domingo	Azul

En nuestro servicio estas cosas son a veces poco practicables —así que preconizo *siempre el Blanco,* que permite o deja pasar cualquier color. No queremos establecer diferencias sobre rayos y días; las prácticas son sólo eso: ejercicios.

¿Qué dice nuestra Amada Presencia Interna acerca de cómo ponerlos en práctica?

Hay muchos estudiantes que trabajan durante un tiempo con una sola llama o rayo y debido a esa concentración han conseguido resultados sorprendentes.

Las dudas, discusiones o rechazos no son parte del camino hacia la "Presencia Mágica". La línea del corazón es la que mide y ve. Sabemos que el amor une todas las dimensiones, todas las cosas. Es nuestro diálogo permanente con la vida que está en continuo fluir.

Instrucciones sobre el uso del Tabaco, del Alcohol, de la Carne y sobre la Actitud Sexual

Sanat Kumara

Con frecuencia, la humanidad rehusa conformarse a ciertas simples reglas de vida. Pero esta obediencia permite la purificación y el afinamiento de la estructura cerebral. Ciertos hábitos impiden que el ser humano capte las actividades que tienen una cierta altura vibratoria; esta receptividad daría el saber y los conocimientos que la humanidad busca. Millares de seres han tratado de conocer las Leyes de la Vida, pero han persistido en vivir en los hábitos que han provocado la densidad de la estructura cerebral, que es un obstáculo para la visión de la verdad.

Os digo mis bien-amados, que el uso del tabaco, en cualquier forma, deposita una secreción en el cerebro que impide su afinamiento más allá de un cierto límite o una cierta medida.

El uso de la carne llevará vuestra estructura atómica al sentimiento del miedo. Si disipáis vuestra energía sexual para la gratificación de los sentidos, entonces os priváis de la energía de vuestra presencia, de la que tenéis necesidad para persistir en llamar a vuestra presencia en acción con valor y fuerza, hasta que sea disuelta vuestra acumulación destructiva. Sabed que, en la energía sexual que la humanidad disipa, se encuentra fuerza, valor y confianza. Los que disipan esta energía devienen medrosos, débiles, desconfiados y suspicaces.

Habiendo tomado la fuerza siniestra el dominio sobre ciertos individuos y organismos, ha tratado de hacer creer a la humanidad que la actividad sexual está permitida para diversión y que se puede usar así y, no obstante, alcanzar la perfección. Esto es falso y trágico para la humanidad. Os digo esto con el poder de la radiación de que dispongo. Si el deseo sexual es fuerte en vosotros, no lo combatáis, sino decid simplemente: "Poderosa Presencia YO SOY, desembarázame de este deseo y reemplázalo por tu satisfacción y tu perfección". Repetid esta llamada y continuad viviendo con serenidad y un día advertiréis que el deseo está disuelto. Lo mismo para el uso del tabaco, de la carne y del alcohol, etc. Se permite la actividad sexual para la procreación, incluso si se ha alcanzado un alto grado de realización espiritual, pero es el derroche de esta energía lo que resulta trágico.

Mis bien-amados, por el conocimiento de vuestra Presencia YO SOY y el uso de la Llama Violeta vuestra victoria es cierta, si queréis prestar obediencia a estas simples reglas de vida.

Instrucción Concerniente a la Actividad Sexual

El puro Amor Divino no desciende jamás más bajo del corazón.

El amor verdadero no necesita contacto sexual de clase alguna.

Los grandes Maestros Ascendidos están siempre prestos a asistir a los que quieren conformarse con las directivas dadas.

Haced una llamada mental a uno de los Maestros Ascendidos y recibiréis siempre ayuda.

PRÁCTICA

Emplead las afirmaciones siguientes:

"YO SOY la presencia gobernando esta energía y YO SOY el poder que la resucita y la transmuta y esta actividad es permanente".

"YO SOY la presencia realizando esto y esto está hecho ahora, porque la actividad divina es instantánea".

Limpieza y Aliento

Saint Germain

Si deseáis nuestra radiación y nuestra asistencia, no absorbáis cebollas, ajo, ni alcohol, ni tabaco. No queremos ni podemos intensificar la energía en vosotros ni alrededor de vosotros, cuando tales emanaciones están en la atmósfera.

¡Habéis de saber que las entidades desencarnadas gustan de estos olores! Esto es lo que les atrae, porque vienen de la esencia de la emanación de vuestros cuerpos.

La Verdad en lo que Concierne a la Reacción o Acumulación Destructiva

Karma

El Corazón de Diamante, el Yo Divino, la Poderosa Presencia YO SOY, se interesa menos en la manera en que llegamos a una realización dada, que en el hecho de la realización.

En todo lo que se ha dicho y escrito concerniente a la reacción (acumulación destructiva) hay poco de verdad y muchos errores. El resultado es que los que creen en ello están asustados y confundidos, y en una situación mucho peor que si no hubieran nunca oído hablar de la cuestión. Existe ciertamente la Ley de Causa y Efecto, pero, a menos que haya intención deliberada de dañar a una persona o a una cosa, el que engendra la causa no es en manera alguna responsable del efecto. La Gran Ley de Amor producirá el ajuste necesario.

No da esto, sin embargo, protección a los que se dejan llevar por accesos incontrolados de odio o de malicia, que hacen daño a su prójimo o a sus bienes.

Tendrán que hacer reparación completa, más no necesariamente en actos físicos, porque la Gran Ley Cósmica dispone de innumerables vías y medios para hacer justicia.

¡Cuántos seres siliceros sufren por esta falsa comprensión de la Ley de Causa y Efecto! Les sería suficiente invocar la Ley del Perdón, alabar a los que creen haber causado mal y quedarían inmediatamente liberados de circunstancias que les abruman: mala salud, depresión, miedo, pena o fracaso en lo que desean realizar.

Queridos hermanos y hermanas: cada noche antes de dormiros, elevad mentalmente vuestros brazos hacia la presencia del Corazón de Diamante, vuestra bien-amada Presencia YO SOY y pedid que ella os muestre cómo podéis reparar todo el mal que habéis hecho intencionadamente a quien, o a lo que sea, durante vuestra peregrinación en la Tierra —o durante vuestras vidas anteriores—; porque os aseguro que habéis tenido centenares de vidas en esta esfera terrestre. Si la vida parece dura a algunos, es porque no saben o no recuerdan haber creado en el pasado causas de las que tienen que sufrir los efectos actualmente.

Llamad a la Ley del Perdón en Acción, reconoced que estáis en estado de gracia, es decir, haced uso de la Llama Violeta, expresad el puro amor de los Maestros Ascendidos y os sentiréis libres y desprendidos de estas reacciones de esta acumulación en gran parte imaginaria.

Desde hace medio siglo, tanto y tanto se ha escrito sobre este tema, que quiero ayudar a aclarar la situación y quitar toda falsa comprensión.

El que ha odiado, y los demás, han engendrado ciertamente causas que tomarán retribución, pero Yo os aseguro que, incluso en este caso, mucha de esta acumulación puede disiparse y consumirse rápidamente llamando a la Ley del Perdón en Acción, aceptando que estáis bajo la Gracia Divina, bajo el Amor de vuestra Presencia YO SOY, el puro Amor Divino, el disolvente Universal. El miedo a la reacción ha engendrado muchas reacciones inútiles. Todo esto puede barrerse haciéndose consciente y aceptando que la Ley del Perdón está en acción en vuestras vidas. Muchos seres, después de haber prestado servicio, se inquietan, se preguntan si todo ha sido bien hecho, si no habrá faltado hacer esto o aquello.

Si vuestros motivos, vuestra intención es buena, sois absolutamente libres, incluso si algún otro interviene y cambia el efecto.

Cuando personas mal intencionadas hacen soportar a inocentes las consecuencias de sus propios errores, entonces estos seres hacen más que doblar las reacciones de las que tendrán que soportar el choque de retroceso. Porque nada puede impedir que la reacción se haga sentir para aquellos cuya intención es mala o que, con propósito deliberado, quieren dañar a los demás. Esta energía descalificada debe ser tratada, pero incluso en este caso, un arrepentimiento sincero ayuda a hacer mínima la reacción, porque esto invierte la corriente, en una cierta medida. Invocando la Ley del Perdón, alabando y bendiciendo a los que se ha herido o a quien se ha hecho mal, vuelve a la vida la paz y la armonía.

Bien-amados hermanos y hermanas: Si parece que repito lo mismo, lo he hecho intencionalmente, a fin de que esta cuestión quede clara y evitar que pueda ser mal interpretada. Es necesario recordar que toda expresión física es transitoria, pasajera y que sólo la esencia del bien realizado es duradera y permanente.

Poco importa lo que hayamos hecho, cuando nos decidamos volver a la casa del padre, que no está hecha con la mano del hombre, encontraremos siempre a la presencia del Corazón de Diamante, el poderoso YO SOY presto a acogernos con los brazos abiertos; deseoso de elevarnos, de hacernos trascender los cinco sentidos a tal punto que todo deseo de lujuria, de odio, de envidia, de celos o de condena sea borrado de la consciencia para siempre. Aprended, desde ahora que la gran luz que percibís en la Casa del Padre, contiene infinitamente más alegría que los pobres placeres de los sentidos, que no son sino cortezas.

Mis bien-amados: entrad en esta Gran Luz, para siempre por encima de la Ley de Acción y de Reacción.

Si hay una apariencia de falta de éxito, una falta de medios financieros u otra, no tardaréis en ver a vuestra bienamada Presencia YO SOY extraer de sus tesoros y daros en tiempo oportuno el uso de su opulencia para bendecir, curar y hacer felices a todos los que están prestos a aceptar la Presencia YO SOY y a vivir esta realidad.

¡Bien-amados, tal es el Reino de los Cielos!

Saint Germain

El Idealismo de Servicio

Nuestro primer servicio es hacia nuestra divinidad, el Gran Maestro que anima la forma externa.

Cada forma humana tiene su divinidad propia y no se puede por consiguiente, hacer llamadas a nuestro servicio más allá de un cierto limite. Nadie puede dar en servicio más substancia, energía o poder del que puede obtener de su presencia para tener su forma en armonía, salud y poder. Cuando damos hasta el punto de vaciar de nuestras formas, retrasamos nuestro progreso, haciendo que se retrase el momento de entrar en la gloria y la belleza que se nos destinan. Si los Maestros Ascendidos hubiesen dado más energía y fuerza de las que pueden generar, no habrían podido realizar la ascensión. Incluso ahora, si los maestros, en un impulso irresistible de servir, diesen Radiación sin medida, serían rápidamente atraídos a la atmósfera terrestre. Todos los seres incluso en el estado ascendido, tienen necesidad de períodos durante los que la atención permanece fija en el más alto Centro Divino, El Corazón Universal, el Gran Sol Central, del que la Presencia YO SOY es una parte.

El Yo Divino, la Presencia YO SOY, se vuelve hacia el Gran Sol Central. como el Yo Externo se vuelve hacia la Presencia YO SOY para recibir la fuerza, el valor, la abundancia y la perfección necesarios. Prestad servicio en la medida de vuestras posibilidades pero sin extenuaros. Si es necesario, deteneos algunos minutos, algunas horas e incluso algunos días; depende esto de la profundidad de vuestro contacto, de la Unión con vuestra Presencia YO SOY. Recargad vuestro cuerpo y vuestra copa, el Santo Grial. El servicio real está constituido por los momentos de atención indivisados al Yo Divino, la gran Presencia YO SOY, porque sin esto nada tenemos para dar.

Puede prestarse más servicio permanente elevando en consciencia un deseo o una persona al corazón de vuestra Presencia YO SOY, guardándolo allí durante una hora de contemplación, más bien que luchar durante semanas en la consciencia exterior.

El deseo de servir puede llegar a ser tan tiránico como cualquier otro deseo, porque el deseo no respeta la forma. Vacía su instrumento o canal, sin la menor consideración; porque el deseo no es otra cosa que la fuerza puesta en movimiento. Contrariamente a lo que se piensa, la actividad exterior no es sino una muy pequeña parte del servicio, salvo si el canal o instrumento está en concordancia gozosa, armoniosa y positiva con el Maestro Interior, la Presencia YO SOY. La sabiduría divina debe gobernar la actividad externa en otro tiempo.

Es necesario tomarse el tiempo para guardar la atención sobre el Yo Divino.

El mayor don hecho al alma es el cuerpo, el templo del más Alto Dios Vivo.

Se irradia mucho poder hacia la humanidad para permitir el servicio, pero los que sirven deben ser prudentemente dirigidos. El deseo excesivo de servir puede llevar a un agotamiento sin beneficio real para nadie.

Debemos primero hacernos conscientes de la energía divina, ilimitada, difundiéndose a través de nosotros, y entonces todo sentido de dicha o sentimiento de hallarse extenuado se desvanecerá de nuestra consciencia.

Tomad todo deseo de realización en el Corazón de la Presencia YO SOY y el Maestro Interior, escuchando en secreto, os recompensará abiertamente manifestando vuestro deseo físicamente.

¡Qué la perfecta salud, la abundancia divina del dinero, de armonía, de felicidad y de iluminación sea vuestro patrimonio, para siempre!

Saint Germain

El Poder de Visualización

"Si no aceptamos que la verdad está en nosotros, no tenemos ninguna posibilidad de comprender la verdad que se nos expone. Es indipensable, en consecuencia, darse cuenta que, por la Presencia YO SOY en nosotros podemos comprender la verdad que se nos da. Es recomendable guardar el silencio y esperar".

Es necesario saber que, durante esta espera, es imposible que no os sea comunicada toda verdad para la que estáis preparados.

Hay una corriente de vida interior y una corriente de vida exterior y está la única Presencia YO SOY expresándose interiormente.

Para llegar a la solución justa en todas las cosas, necesario es mantener en la consciencia que: Por la Poderosa Presencia YO SOY, la presencia del Maestro Interior. Conozco la verdad". Con la atención fija en esta idea, conduciremos la sabiduría divina de la Presencia YO SOY a que desarrolle el film de la solución ante vuestra vida externa La verdadera visión de la presencia es siempre realidad, porque la presencia no puede ver la imperfección, siendo la Perfección la ley exclusiva de su ser.

La actividad de la Poderosa Presencia YO SOY expresa esta ley y no hay otra.

Toda interrupción en la visión perfecta se debe a las nieblas de la conciencia humana que proyectan como una bruma sobre la lente interior.

Persistid en la afirmación de la idea de que la visión perfecta de la Presencia YO SOY se expresa en toda actividad exterior. Cuando vuestra determinación es inflexible, vuestra visión quedará suficientemente clara como para permitiros descubrir toda divergencia o irrealidad que intente proyectarse por la actividad mental exterior.

Desde que habéis comprendido la importancia de guardar la atención fija en la única presencia creadora, la Presencia YO SOY, dentro, por encima y alrededor de vosotros, quedaréis sorprendidos de la rapidez con la que llegaréis a ser maestros de vuestra vida y de vuestro entorno.

En toda acción, en que el conductor tiene la visión clara, el éxito está asegurado. La visión clara y verdadera es la actividad divina, la Poderosa Presencia YO SOY en acción. Es la expresión de la fuerza divina. Desde que se cesa d   n-siderar la individualidad exterior como el poder de ejecución, la visión interior se afirma y la seguridad de la realización del plan divino, inunda la consciencia. Desde que sabéis que debe hacerse una cosa, la mente externa debe tomar su partido y pasar a la ejecución. Si hay la menor duda en la mente exterior concerniente a la cosa perfecta a hacer, llamad a la presencia en acción, pidiendo más sabiduría, a fin de que sólo se cumpla el plan divino.

Decid: "Dios, Poderosa Presencia YO SOY, que tu sabiduría gobierne este asunto ahora". Esta afirmación hará desaparecer toda incertidumbre.

No hay medio de protección más poderoso que la radiación de amor divino y la visión de perfección. Por la visión persistente de la activa perfección divina, que es la Poderosa Presencia YO SOY, obligaréis a que se manifieste la absoluta perfección en vuestra vida y en vuestros asuntos. Para llevar a ejecución vuestros deseos es necesario emplear la actividad mental exterior; he ahí por qué todos los grandes maestros han dicho: "Dios tiene necesidad de un vehículo (cuerpo)".

El estudiante que adopta la firme actitud mental de que: "Su cuerpo y su alma son el Templo de Dios vivo, la Poderosa Presencia YO SOY se convierte en foco de radiación de la perfección divina en toda su plenitud.

La importancia de la visualización no puede sobreestimar eso. Hay tanta confusión sobre el tema que quiero aclarar la cuestión.

La visualización verdadera consiste en guardar interiormente la representación mental de lo que deseáis ver manifestarse. Ese esfuerzo debe hacerse conscientemente y os hará maestros de vuestras vidas y vuestros entornos.

La ley de vuestro ser quiere que toda imagen, situada y guardada constantemente ante vuestra consciencia mental, se manifieste en vuestra experiencia.

El proceso de visualización no ha sido bien comprendido: Es simplemente una actividad por la que hacéis que se realicen vuestras propias representaciones mentales. Cada idea contiene una imagen; incluso una idea abstracta crea una representación mental que corresponde a vuestro concepto de esta idea. En general, la mente externa no es consciente de que la imagen está ahí; por ello la necesidad de observar constantemente la mente y de hacer el esfuerzo consciente de guardar la imagen correcta de la visión.

Es preciso crear el estado de consciencia y guardarlo para que nada pueda obrar en nosotros sin vuestro control.

Si no mantenéis la idea de que no hay sino Dios en acción, la Poderosa Presencia YO SOY, entonces millares de sugestiones tratarán de acaparar vuestra mente, porque son vuestros los privilegios y la responsabilidad de escoger.

Es necesario escoger, saber lo que queréis y visualizarlo después. Por la visualización, Dios, la Presencia YO SOY, ha provisto a la mente humana de un medio de socorro, permitiendo, que se polarice al contacto de la realidad de la perfección divina, a través de la Poderosa Presencia YO SOY. La ideación crea imágenes sin cesar. El esfuerzo consciente para controlar esta visualización mental es un poderoso medio de superar infinitamente el hábito de la masa de la humanidad de dejar errar su mente de un asunto a otro.

Esta visualización interior sin discriminación es causa del estado caótico de los asuntos humanos.

La visualización dirigida hacia un fin definido es el medio todopoderoso para llevar a la manifestación lo que deseáis. Aceptad, de una vez por todas que cuando el deseo es constructivo, es la Poderosa Presencia YO SOY la que está en acción para manifestar la voluntad divina. El poder divino es el que proyecta la visión de la perfección. Lo que deseáis realizar es lo úmco a considerar, a condición de que no traiga perjuicio para nadie. En el nombre de Cristo, el Poderoso YO

SOY, ordenar que nada ni nadie sea lesionado y despúes, persistid hasta la realización.

La idea, el deseo y la visión son la triple actividad de la única, gran Presencia, el Poderoso YO SOY.

La idea, el concepto es el Padre. El deseo, y el sentimiento, es la Madre.

La visión, o forma, es el Hijo.

La visualización consciente de los rayos de luz, rodeando lo alto de la cabeza, forma la corona, ofreciendo una copa para recibir la fuerza del Gran Sol Central que circula a través de la individualidad.

Cuando seres individuales o naciones intentan suprimir la idea de Dios, la Poderosa Presencia YO SOY, el Único Supremo, el verdadero poder de la visión se desvanece y el resultado final es la desintegración. Durante un cierto tiempo individualidades o naciones parecen estar animadas aún, pero sólo se mantienen de la energía usurpada y, cuando se ha empleado toda, caen en la detención definitiva. Desde el instante en que la capacidad de visualización por contacto con el Poder Supremo se detiene, cesa toda posibilidad de realización. Es lo que significa la afirmación: "Sin la visión los pueblos perecen".

Hay millares de seres en Europa que reconocen la presencia suprema, permitiendo así que una cierta cantidad de energía se difunda y se mantenga. Al presente, con la comprensión de la Poderosa Presencia YO SOY y el esfuerzo consciente de visualización, la acción divina se sostendrá con mayor poder.

En la idea, en el deseo y en la visión se encuentra el poder de mantenerse, si queréis ser conscientes de ello. Calificad todo lo que hagáis con el poder de mantenerse.

La presencia electrónica del Poderoso YO SOY es el Padre de toda actividad.

Si persistís conscientemente en estas ideas, generaréis un poder formidable. Persistid gozosamente, sabiendo que la técnica es infalible y veréis que esta Poderosa Presencia YO SOY no conoce límites, que ella controla todas las cosas y experimentaréis la perfección que ella es.

Bendición

Poderosa Presencia YO SOY y Bien-Amado Saint Germain: Os damos las gracias por liberar la actividad de la visión divina omnisciente en nosotros y en toda la humanidad, a fin de que todos puedan participar de la plenitud de su victoria y de su luz con la rapidez del relámpago.

La Consciencia Proyectada

(Misterios Develados)

Deseo que fijes firmemente en tu mente y que recuerdes con frecuencia para su contemplación el hecho de que las leyes que te explico y te enseño a usar, han de llevarte dentro de una condición de maestría consciente sobre todas las fuerzas y cosas sobre la Tierra. Esto significa que no importa lo que se esté experimentando, tu siempre tienes en todo instante el control completo y consciente en tu propia mente y cuerpo, y estás capacitado para usar tu propia libre voluntad en *todo momento.*

En este estado de Consciencia Proyectada, estás completamente consciente y tienes pleno dominio sobre todas tus facultades en cada instante. No hay nada en absoluto acerca de esta instrucción y su uso, que en algún modo sea la condición hipnótica o de trance, ya que en el trance y en la hipnosis la voluntad consciente del individuo que está experimentando, no está funcionando, lo que es una actividad desastrosa y muy peligrosa para *todo* el que permita que tenga lugar en su mente y cuerpo.

No hay dominio o maestría consciente en las prácticas hipnóticas o de trance, y éstas son *muy destructivas y peligrosas* para el desarrollo del alma de aquel que se permite tales prácticas. Por favor comprende plenamente que el consciente control, la maestría y el uso de las fuerzas y cosas sobre esta tierra, deberían en todo momento estar bajo la dirección de tu Yo Interno o Divino, a través de la perfecta cooperación y obediencia de todas las facultades en la mente y en el cuerpo, a aquella Dirección Interna.

No existe maestría sin esto, y aquellos que son conocidos como Maestros Ascendidos *nunca, nunca* imponen por fuerza ninguna actividad sobre la prerrogativa dada por Dios, de libre voluntad del individuo.

A un estudiante le puede ser dada la experiencia de la proyección, si un Maestro Ascendido decide expandir su consciencia temporalmente, de modo que experimente lo que está sucediendo en dos o más lugares al mismo tiempo. En tal condición, las facultades del estudiante están *completamente* bajo el control y la dirección de su propia libre voluntad en todo momento. Él está plenamente consciente y activo donde quiera que se encuentre su cuerpo, y también en el lugar a donde el Maestro Ascendido decida dirigir su atención para la enseñanza.

La razón por la cual un Maestro Ascendido eleva temporalmente la consciencia del estudiante es para enseñarle cómo puede hacer esto por sí mismo por medio de su propio esfuerzo, *conscientemente* y a voluntad.

La Consciencia Proyectada es sólo el aumento del grado de vibración de la estructura atómica en la mente y en el cuerpo del estudiante. Esto se hace por medio de la *radiación* de un Maestro Ascendido, y es una actividad de la "Luz" que aumenta el grado vibratorio hasta el punto fijado por Él para la experiencia. En el grado mayor, uno usa sus facultades de la vista y del oído exactamente como lo hace en la vida diaria, excepto que son expandidas hasta la zona u Octava próxima encima de la humana.

Tal uso de nuestros sentidos es igual al que experimentamos en todo momento en estado de vigilia, porque podemos darnos cuenta de lo que está cerca y de lo que está distante exactamente en el mismo instante. La expansión o contracción de nuestra consciencia depende enteramente de lo que desea el individuo. Esto está siempre sujeto a la libre voluntad y dirección *consciente* del estudiante.

Uno puede por su *propia decisión* estar consciente de cierto árbol en un jardín o de todo el jardín. Uno usa la misma facultad de la vista para observar a ambos, y la usa exactamente en la misma forma. Cuando desea ver todo el jardín, hace que su vista amplifique su actividad hasta que abarque todo lo que desee. La expansión mayor aún incluye a la expansión máxima anterior, de modo que ves que debes estar consciente del *pleno* control de *todas* tus facultades en *ambos* lugares al mismo tiempo. La actividad que tiene lugar es realmente una amplificación del campo de acción en el que actúa la vista.

El uso de tu facultad de la vista, en esta proyección o expansión de la consciencia, se realiza por medio del aumento del grado vibratorio en el nervio óptico Todo el procedimiento corresponde a lo que tiene lugar cuando uno usa un larga-vista o telescopio.

En la experiencia corriente, la consciencia humana ha estado acostumbrada a usar sus facultades sólo dentro de ciertas zonas o campos de acción, y la prueba de esto es que uno puede escuchar el sonido de la voz de una persona que esté presente físicamente en el cuarto y hablándole, y uno puede también oír el timbre de un teléfono que suena en otra parte de la casa exactamente en el *mismo instante.* Todas las facultades de la actividad externa son elásticas. Pueden ser usadas ya sea como un microscopio o como un telescopio, dependiendo enteramente del *deseo y voluntad* del individuo.

Si uno puede estar consciente del sonido en el cuarto en que se halla su cuerpo físico, y también percibir el sonido de dos o tres cuartos de distancia, por el mismo procedimiento exactamente, con una expansión aún mayor de esta facultad, uno puede oír hasta un sitio más distante. Para hacer esto uno debe aumentar el grado vibratorio hasta que llegue a la zona más distante.

Cuando contemplamos a esta gran Actividad Divina Interna, no ves cuán perfectamente y fácilmente se incorporan los sentidos externos a los internos, y los que han sido dos se convierten en uno.

Esta actividad de la consciencia puede ser aplicada a todos los demás sentidos, así como el de la vista y del oído, tal proceso de elevación es natural, normal y armonioso, tan sencillo como la sintonización en el radio de cualquier frecuencia de onda deseada. Las ondas de radio y las de la vista y del oído son partes de la misma actividad. El sonido contiene color y el color contiene sonido. En la experiencia diaria corriente, los seres humanos pueden oír el color y ver el sonido siempre que alcancen un gran aquietamiento.

Dentro de ciertas Octavas o zonas, la vibración es captada por los nervios de los ojos y el resultado es lo que llamamos la vista. Otras son captadas por los nervios del oído y el resultado es lo que llamamos oído. Los ojos de la persona del término medio sólo ven objetos cuyo grado vibratorio está comprendido dentro de ciertas Octavas, ya que no ven por debajo del rayo o zona infrarroja, ni por encima de la ultra-violeta. A través de la radiación de un Maestro Ascendido, la estructura atómica del cerebro y del ojo vibra con la rapidez suficiente para expandirse dentro de la Octava próxima por encima de la humana.

Esta misma actividad puede ser expandida hasta varias Octavas más, ya sea por la radiación del maestro, o por mandato del YO Divino o Interno del individuo. Muchas personas tienen tales experiencias involuntariamente, pero rara vez comprenden lo que significan o como se llevan a cabo. En los casos en que los individuos han tenido momentos de consciencia trascendental o han sido altamente inspirados, esto es lo que ha ocurrido, aunque ellos rara vez reconocen la ayuda que han recibido.

La visión o consciencia proyectada no tiene nada que ver con los cuadros mentales, producidos por sugestiones que sólo existen en las mentes de otros seres humanos. Tales pensamientos y visiones sólo son lanzados directamente dentro de la mente de otra persona, por el que emite la sugestión. Es la misma actividad que tiene lugar cuando uno refleja la imagen del Sol en un espejo, y luego lo desvía hacia la pared.

La sugestión es tan direrente de la Consciencia Proyectada, como es diferente el pensar en un lugar, a estar presente fisicamente en él. La proyección es *viva, viviente, real,* como cuando vuestro cuerpo fisico está pasando por una experiencia, ya que es la acción de vuestro YO Divino Interno con quien el Maestro Ascendido es UNO - EL SUPREMO.

Saint Germain

INSTRUCCIONES FUNDAMENTALES

PARTE II

Empleo de la Espada de Llama Azul

De pie, a solas en tu habitación, vuelve tu atención a tu Poderosa Presencia YO SOY. Cálmate, tranquilízate completamente. Eleva el brazo y toma con la mano tu Espada Flamígera Azul. No hay diferencia en que sea visible o no para ti. Después, siente la mano de tu Cuerpo Mental Superior ponerse sobre tu mano: pide entonces a tu Cuerpo Mental Superior que seccione todas las líneas de fuerza que has creado una en cualquiera de tus incorporaciones.

Vuelve lentamente sobre ti mismo haciendo el gesto de cortar todas las ligaduras, todas las líneas de fuerza emitidas por el corazón central de tu actividad. Sé consciente del poder invencible de tu espada flamígera y quedarás de una vez por todas y para siempre libre de toda conexión con la discordia.

Algunos de entre vosotros podréis experimentar un asombroso sentimiento de liberación y de descanso. Pedid que esto se mantenga para siempre. Llama a continuación a tu Cuerpo Mental Superior y pídele que consuma completamente por un rayo de Llama Azul, todas las líneas hasta sus mas lejanas extremidades.

En este servicio de importancia extraordinaria, que puedes cumplir para ti mismo, no olvides que es tu Presencia YO SOY la que manda con su autoridad y que es tu Cuerpo Mental Superior el que obra por tu brazo humano.

Queridos estudiantes: Necesario es que hagáis lo que precede. Siempre las fuerzas siniestras en este mundo han conseguido destruir las organizaciones creadas para la expansión de la luz pero, ante esta actividad YO SOY, son impotentes

Ciertamente es terrorífico y amargo el odio de estas fuerzas destructivas generadas por la humanidad.

Obran ellas, a veces, a través de individuos de forma humana, pero este es el menor de los peligros a los que se está expuesto. Inútil es extenderse sobre este punto.

Por vuestras llamadas, las entidades desencarnadas serán arrebatadas de la Tierra; mas estad siempre en guardia. La expansión de vuestra luz llegará a ser suficiente para tener a las entidades a distancia, porque sienten un invencible temor a las puntas aceradas de la luz. ¡Algunos de vosotros tenéis urgente necesidad de hacer llamadas dinámicas y, por otra parte, nadie debe jamás reposar sobre sus laureles!

Saint Germain

Protección

Pide a tu Cuerpo Mental Superior que se sitúe detrás de ti y que te rodee con sus brazos. Lo hará inmediatamente y experimentarás la sensación física de su luz colmando tus sentimientos.

Cuando pides a tu Cuerpo Mental Superior que cargue cualidades de los Maestros Ascendidos, un maestro envía su energía, cargada de la cualidad deseada, antes de que ella te penetre, lo mismo que a tu Cuerpo Mental Superior que te envuelve.

Tu Cuerpo Mental Superior atrae la energía y la sustancia del maestro a tu sentimiento e, incluso, a tu carne, y fija esta viviente perfección en ti.

Ninguna imperfección humana puede recalificar esta sustancia perfecta del Maestro Ascendido y de esta manera, tienes en ti una parte de sustancia calificada de perfección eterna y esta vibración se difundirá en tu entorno.

Instrucción de Nada

Cuando sientas que la irritación comienza, contrae el diafragma y elévalo.

Este acto físico equivale a cerrar la puerta a toda discordia exterior porque, queridos hijos de la luz, sólo por el plexo solar puede la discordia tener contacto con vosotros.

Con un poco de práctica llegaréis a excluir toda discordia. No mencionamos sino excepcionalmente ejercicios físicos, porque, en el mundo exterior, ha sido atraída vuestra atención sobre una muchedumbre de prácticas que son muy peligrosas.

Directiva Práctica Concerniente a la Conversación

Cuando sea indispensable discutir una situación, determinar, antes de comenzar la discusión, que las vibraciones no producirán registros en la estructura atómica de vuestros cuerpos o en vuestros cuerpos de deseos. Que cada uno de vosotros se entrene en hacer esto.

Recordad esto: ¿Qué es lo que hace que tengáis determinación? La inteligencia y la energía de vuestra presencia.

Gran Director Divino

Extracto de un Discurso de Saint Germain

Durante 400 años, he tratado de infiltrar en el pensamiento de los seres en Europa, el poder de esta instrucción YO SOY y no pude reunir el suficiente número para crear un foco de luz. Hoy son castigados por su indiferencia a esa luz.

Había un príncipe alemán que me escuchaba con todo su corazón, pero cuando llegué al punto de decirle: "Te es necesario afirmar el Poder de la Luz" respondió: "¡Oh!, Saint Germain, no puedo hacerlo. No me atrevo". Le dije: "Tú, con la comprensión de los 'Poderes de la Luz', ¿tú no osas confiar en estos poderes que te sostengan"? Respondió: "Lo siento, pero no tengo valor para ello". Y tuve que retirarme.

Hubiera podido yo cambiar, a través de él, toda Alemania y toda Austria y hubieran sido desconocidas las condiciones que prevalecen hoy.

Muchos discípulos en Europa se encuentran hoy en el mismo punto y se apartan con arrogancia humana de esta enseñanza, creyendo poder desafiar a la ley y a Dios Su suerte no será envidiable, porque la tiranía de los sentidos huma-

nos les arrastrará por fuerza a sufrir privaciones y a una agonía inexpresables.

Mis queridos amigos: permitidme informaros que, en
nuestros días, la humanidad se encuentra en una bifurcación
del camino de la vida. Debéis tomar uno u otro sendero. Tomando el bueno, seguiréis a la luz. Nadie, fuera de vosotros,
puede decidirlo. Pero si hacéis una llamada a vuestra presencia con gran determinación y fervor, vuestra presencia os diri-
girá hacia el justo camino, incluso sin que vuestros sentimientos exteriores se percaten.

Información Concerniente
a Algunos de los Grandes
Seres que Invocamos

SAINT GERMAIN: Nuestro Maestro Bien-Amado, es el Ángel Deva de la Llama Violeta. Él gobierna el templo de esta llama, que se encuentra en el círculo electrónico del Sol. Es el hijo del Poderoso Arcturus, uno de los 7 Elohim de la Creación. El nombre de Saint Germain es Freedom-Libertad: es la cualidad divina de su ser. Saint Germain significa simplemente: Santo Hermano.

La Diosa de la Justicia es el Rayo Gemelo de Saint Germain. Él es el Chohan del 7º Rayo y él preside el Consejo de los Chohans. Sucederá al Gran Sanat Kumara, como Señor de la Tierra. Saint Germain toma toda la acción directa en los asuntos de este mundo. Durante el período de 10,000 años, comenzado en 1932, la Tierra queda bajo la acción del Rayo Violeta, para su purificación.

Hace 70,000 años que Saint Germain ministra conscientemente en la Tierra.

Fue el profeta Samuel y San José, el protector de Jesús y de María. El deseo de su corazón, que es la voluntad divina, es que hayan en la tierra de las naciones, seres humanos parecidos a los Maestros Ascendidos.

Este deseo está en vías de manifestación gracias a la luz y al amor que la humanidad y la Tierra irradian desde que la actividad YO SOY se difunde por la Tierra. El servicio prestado a la humanidad y al planeta mismo por los Hijos de la Luz que conocen su propia Presencia YO SOY y que dan su amor y energía en la forma prescripta por los Maestros Ascendidos, supera toda comprensión humana; y la amplitud de los resultados obtenidos ha atraído sobre la actividad YO SOY, primero la atención y luego la asistencia de las diversas Jerarquías Celestes. Por nuestra Presencia YO SOY, podemos entrar en contacto conscientemente con los más puros y magnificos seres, porque la vida es una y todos los grandes seres responden con alegría a las llamadas y a los mandatos de perfección dados en el nombre y por la autoridad de nuestra Presencia YO SOY.

Gracias a la pureza y al valor heroicos de sus dos discípulos americanos, el señor y la señora BALLARD, nuestro Bien-Amado Maestro Saint Germain ha conseguido difundir en el público la instrucción y las técnicas de realización de la Poderosa Presencia YO SOY.

GODFRE: Es el nombre del Maestro Ascendido que fue el Sr. Guy W. BALLARD en su última incorporación.

Hizo la Ascensión el 29 de diciembre de 1939, en el Centro Espiritual del Royal Titán. Habiendo ganado tan recientemente la Victoria de la Ascensión, está él muy cerca nuestro por el amor y la compasión divinas de su corazón.

Su cualidad divina es OBEDIENCIA, es decir, aceptación de la divinidad del hombre.

Los discípulos americanos le llaman aún familiarmente Daddy. Es de una ayuda constante, incluso en las más pequeñas circunstancias de la vida cotidiana.

Responde siempre a toda llamada en lo concerniente al cuerpo.

Su Rayo Gemelo es la Sra. Edna BALLARD, cuyo verdadero nombre es:

LOTUS: Es siempre ésta el mensajero de Saint Germain en los Estados Unidos y trabaja con una devoción admirable para la expansión de la luz en su vasto campo de acción.

Conviene reservar un amplio espacio en nuestro corazón a estos dos seres admirables. Que nuestra Poderosa Presencia YO SOY les bendiga y les envuelva en la Llama de Amor de su oración para siempre.

GRAN DIRECTOR DIVINO: Es el iniciador y la autoridad sobre todas las corrientes de vida de la humanidad. Es Andrógino y jamás ha vivido en un cuerpo engendrado sexualmente. Fue Gurú de Jesús y de Saint Germain. Es, por consiguiente, nuestro Gran Gurú. Por su propia autoridad ha ofrecido consumir los 2/3 de la acumulación destructiva de todos los discípulos del YO SOY que empleen bastante Llama Violeta para consumir el tercio restante. Oficia Él en la

India (Himalaya) en el Centro Espiritual llamado "Gruta de la Luz". Las corrientes de fuerza electrónica que Él manipula hacen que sea casi terrorífico mirarlo.

Sólo su amor iguala su poder y su magnificencia.

EL VELADOR SILENCIOSO: Ser Grande y Majestuoso que domina a toda una jerarquía. Tiene ante Él el Cristal Cósmico en el que ve el reflejo de todas las actividades de la Tierra.

Es un Señor del Gran Sol Central, cuya actividad es independiente del LOGOS.

SEÑOR MAITREYA: Es el Gran Iniciador. Fue la luz emitida por los discípulos de Saint Germain la que atrajo su atención en octubre de 1937.

NADA, nuestra Amada: Es una dama maestra del planeta Marte. Hizo la Ascensión 700 años antes de Jesús. Siempre estuvo al lado de Saint Germain como inspiradora de las civilizaciones pasadas.

Su instrucción concerniente a la verdadera significación del servicio divino es notable y ha sido aceptada por Saint Germain.

Cuando contempláis una hermosa puesta de Sol de color rosa pronunciado, habéis de saber que es la radiación de nuestra querida Nada, que ha dicho: que envuelve la Tierra con sus sábanas rosas, a fin de que la humanidad tenga un buen reposo.

VICTORY: Gran Maestro del planeta Venus. En la noche del 31 de diciembre al 1º de enero de 1931, descendió acompañado de 12 Maestros del planeta o, más exactamente, del Sol Venus, a fin de asistir a la Tierra y a la humanidad.

Desde entonces reside permanentemente en el Centro del Royal Titon (Wyoming).

Como su nombre indica, irradia un extraordinario poder de victoriosa; realización, no habiendo conocido jamás el fracaso desde hace centenares de millares de siglos de manifestación.

Es notablemente bello. Posee un jardín magnífico y nos ha rogado vayamos a visitarle.

QUAN YIN: Nombre chino de la Diosa de la Misericordia.

Su rayo gemelo, víctima de la fuerza siniestra y de los magos negros, está retenido en el campo de luz. Ha hecho voto de permanecer en servicio hasta que todos los humanos estén purificados y libres por la Ascensión.

PELLEUR: Es el Gran Maestro que gobierna el reino en el centro de la Tierra. Hace allí un tiempo magnífico siempre luminoso y con una atmósfera de presión igual.

Mantiene el equilibrio de la Tierra junto con Polarus, que gobierna los polos.

DIOSES DE LAS MONTAÑAS: Himalaya hizo que tuviera preeminencia la cadena que lleva su nombre.

MERU: gobierna la cadena de los Andes y reside en el Lago Titicaca, el más alto del globo y un sitio encantador.

TABOR: gobierna las Montañas Rocosas y su residencia se encuentra en el Colorado, en los alrededores de Denver.

EL DIOS DE LOS ALPES: Reside en la Montaña Rosa, que es igualmente el foco de concentración de la luz de la Estrella Secreta de Amor. Esta radiación comenzó a tocar la Tierra durante el ministerio de Jesús, pero solamente en Galilea; al presente se extiende por toda la Tierra.

El 3 de marzo de 1951, los rayos de la Estrella Secreta de Amor, del planeta Secreto que guarda la Tierra y del Sol Venus, tocaron la Tierra en ángulo recto y en conjunción por primera vez. La triple actividad de los tres cuerpos celestes ha sido anclada en la Tierra.

COSMOS: Un poderoso ser que salió del silencio el 22 de julio de 1939. Gobierna dos Rayos Secretos. Él ancló en esta fecha en la Tierra, haciendo así nueve el número de los rayos; el poder de los 3 x 3. El Poderoso Cosmos representa para la Tierra y para nuestra corriente de vida, lo que nuestra presencia representa para el Yo Externo.

OROMASIS: Príncipe del Elemento Fuego: está bajo la dirección de los Maestros Ascendidos. Lleva con frecuencia una exquisita corona de llamas resplandeciente, como de relámpagos blancos. Una radiación semejante envuelve su cuerpo y sigue emitiendo una Llama Violeta que purifica todo a su paso. Porta el cetro del Relámpago Blanco, que le permite concentrar la energía electrónica que dirige para producir la perfección. Cuando el estudiante empieza a trabajar con la Llama Violeta, el Príncipe Oromasis puede dar una gran asistencia a los que le invocan y le aman. A veces, proyecta una inmensa Llama Oro hacia el corazón del estudiante reforzando así la luz y dando un sentimiento extático de paz en la mente, el cuerpo y el aura.

DIANA: Es el Rayo Gemelo del Príncipe Oromasis. Los dos son seres de los elementos a los que los Maestros Ascendidos han dado inmortalidad.

DIOS DE LA NATURALEZA: Gobierna las fuerzas de la naturaleza. En 1939 dijo a los estudiantes: "Si rehusáis aceptar el chismorreo, os aseguraré la victoria en vuestra actividad de grupo. Intervendré activamente para todos los que obedezcan y guarden la armonía en los sentimientos y tendréis la prueba de lo que significa mi asistencia".

DIOS DEL ORO: He aquí sus palabras, pronunciadas el 7 de abril de 1939: "Queridos estudiantes que tan inciertos estáis con respecto a todo lo que se refiere a aquello que tenéis necesidad para vivir y que abrigáis duda al emitir vuestros decretos para la abundancia, os pido que asumáis seguridad. Yo gobierno el standard del mundo y os digo que el oro seguirá siendo siempre el standard, ya sea medio de cambio o no. YO SOY, YO SOY el standard y el equilibrio para la Tierra y el oro es mi cetro".

Si obedecéis lo que el Dios de la Naturaleza os ha pedido, seréis abundantemente provistos de todo lo necesario. No importa quiénes sois o que hacéis, si sois representantes de la luz. Nosotros que servimos a la luz, responderemos a vuestras llamadas.

Levantaos con el poder de vuestra presencia, sed entusiastas y activos y dejad que la sabiduría de vuestra presencia enuncie las palabras que atraigan a vosotros a los que buscan una vía de realización. Que vuestra conducta sea tan edificantes y vuestro standard de vida tan alto que todos los hijos de la luz.

Es la primera vez en la historia de la Tierra que tomo parte directa en el progreso de la humanidad. Yo gobierno mi elemento de manera independiente. ¿Qué pensáis que ha intercedido por vosotros? Vuestro Bien-Amado Saint Germain. ¿Por qué hemos acumulado grandes riquezas en las cadenas de las montañas? Es para la bendición de la humanidad; pero siendo la discordia tan grande se ha hecho imposible y peligroso dejar a los humanos poner sus manos en ello.

El reparto equitativo de las riquezas de la Tierra se hará por los poderes de la luz y la humanidad vivirá en la paz y la amonía, gozando de una abundancia sin límites inherente a la vida, de la que somos sus representantes.

ELOHIM CYCLOPEA: Cyclopea es el Gran Mensajero del Sol Central que gobierna la actividad de la visión omnisciente divina para la Tierra. Esta gran presencia despierta e intensifica la actividad de la visión interior o espiritual en los seres individualizados, por la expansión de la Llama de Amor de su corazón y la proyección de potentes Rayos de Luz hacia la Tierra y la humanidad.

El amor que Él difunde es realmente la energia y la sustancia de su cuerpo de gloria, de Maestro Ascendido. Ilumina y purifica Él la atmósfera de la Tierra por los rayos gigantescos de pura luz electrónica que toma Él del corazón del Gran Sol Central.

Este ser maravilloso sale del Gran Silencio al comienzo de cada ciclo, a fin de intensificar el amor y la luz, de los que tiene necesidad la humanidad para las actividades que deben manifestarse. Cyclopea es el ser que preside la Edad de Oro. La Edad YO SOY en la que hemos entrado. Como Él es la presencia protectora de los Estados Unidos, en la cima de la pirámide que figura sobre el gran sello de los Estados Unidos se colocó el símbolo del Ojo de la Visión Perfecta. Es un triángulo que emite rayos luminosos.

Hasta 1932 Cyclopea daba su radiación una sola vez por siglo pero, con el fin de permitir que la humanidad manifestase la perfección prevista por el Plan Divino, hace Él actualmente una expansión de su luz cada seis meses y esto continuará durante un siglo.

Esta actividad está concentrada en el Royal Titon.

En el muro norte de la gran sala de audiencia, se encuentra un ojo gigantesco a través del cual se proyectan sobre la Tierra estos rayos prodigiosos, inundándola de la luz y del amor de Cyclopea.

Nada está escondido para el ojo de Cyclopea, porque Él ve todo a través de todo y no ve sino la perfección por doquier. El triángulo que rodea el ojo signfica la Triple Actividad de Cyclopea, del Velador Silencioso y del Gran Director Divino, que son la inteligencia que controla la civilización por su poder de visión y de luz en grado cósmico. Saint Germain y los que le asisten controlan esta Luz Cósmica en el grado de la actividad de los Maestros Ascendidos, adaptándola para las necesidades de la humanidad, a fin de que todo en la Tierra refleje esta perfección que ya ellos han realizado.

La adorable Presencia de Cyclopea manifiesta un apariencia grande y magnífica. Sus ojos fascinan por su luz y su poder, pero la sabiduría y el amor que los ilumina inspiran una paz y una adoración indecibles.

Grandes relámpagos de Luz Blanca brotan de su cabeza, el Rayo del Amor divino sale de su corazón y una radiación intensa viene del centro de la garganta. Sus vestiduras resplandecen con joyas de luz.

Por medio de su Poderosa Presencia YO SOY, los discípulos de Saint Germain pueden entrar en contacto con este ser cósmico, recibiendo así los dones de la visión divina, la presciencia, la discriminación y la inteligencia directora, permitiéndoles concordar su actividad externa de manera precisa y armoniosa con las demandas de realización del Plan Divino.

Que nuestra Poderosa Presencia YO SOY exprese, por la Llama de Amor de su corazón, toda nuestra gratitud y nuestras bendiciones al Bien-Amado, Poderoso Cyclopea por el servicio trascendente que Él no cesa de prestar a la humanidad y a la Tierra.

¿Qué es la Verdadera Visualización y qué pasa Cuando se Visualiza?

Saint Germain

La verdadera visualización es una don, un atributo de Dios, y el poder de la visión obrando en la intellgencia (espiritú) del hombre.

Cuando se representa en la mente consciente un deseo que se quiere ver realizado, se emplea uno de los más poderosos medios que hayan sido dados al hombre para hacer que se cumpla su deseo en su visible y tangible realidad.

Ante todo, estamos seguros de que jamás fue realizada forma alguna en parte alguna del Universo, sin que alguien la haya conscientemente creado y mantenido en su pensamiento contiene una imagen de la idea de la que procede. Incluso una idea abstracta contiene una imagen especial o, al menos, la imagen del concepto mental que alguien se ha creado de ella.

Quiero daros un ejercicio por el que podéis desarrollar conscientemente, controlar y dirigir vuestras visualizaciones con el propósito de una realización determinada.

Hay varias fases en este método que cada estudiante puede emplear en todo tiempo y lugar. Este procedimiento lleva a tangibles y visibles resultados cuando se aplica realmente bien:

La primera fase es la de fijarse, establecerse de una forma determinada sobre un plan claramente definido o un deseo a realizar. Ved que esto sea con un fin constructivo, honorable, digno de vuestro tiempo y de vuestros esfuerzos. Examinad escrupulosamente vuestro móvil para conseguir que tal creación se realice.

Vuestra finalidad debe ser honesta, tanto hacia vosotros mismos como hacia los demás. No debe ser, en caso alguno, un capricho, una fantasía, un antojo o, simplemente, la satisfacción de apetitos de los sentidos físicos.

Recordad que hay una gran diferencia entre el uso, el deseo y el apetito.

El Uso es la ejecución, el cumplimiento de la Gran Ley Universal de Servicio.

El Deseo es la expansión, la propagación de la actividad divina, a través de la cual la manifestación de Dios constantemente se sostiene y alcanza su perfección.

El Apetito es solamente un hábito establecido por la continua satisfacción de nuestros deseos físicos y es solamente energía concentrada y calificada por sugestiones del mundo externo.

Estad seguros también de no esconder un sentimiento interno que tienda a gozar de un beneficio a expensas de los demás.

Un verdadero estudiante, el único que tendrá un resultado tangible por este método, toma las riendas en sus propias manos y determina, decide, decreta disciplinar y consciente- mente controlar su yo humano. Escoge lo que debe o no debe ser en su esfera de acción y, por el proceso de visualización, dibuja en su pensamiento la imagen de un plan de vida deter- minado, lo mantiene en su mente y lo lleva a manifestarse.

La *segunda fase* es la de expresar, relatar vuestro plan con palabras, con toda claridad y de una manera tan concisa como sea posible. Escribidlo; de esta manera hacéis un regis- tro de vuestro deseo en el mundo externo visible y tangible.

La *tercera fase* es la de cerrar los ojos, evocar en pensa- miento una imagen mental de vuestro deseo o plan en su rea- lización, su perfecta condición y actividad.

Meditad en el hecho de que os es posible crear y ver una imagen en pensamiento, tened consciencia de que esto es el tributo de Dios, su poder de visión obrando por nosotros.

Aceptad que vuestro poder de imaginación no es otra co- sa que la omnisciencia divina obrando por vosotros. La acti- vidad de la visión y el poder crear son los al atributos de vuestro YO Divino, que percibís y sentís en vosotros mismos a cada instante. La vida y el poder divino están en acción en vuestra consciencia a fin de propulsar en vuestro entorno la imagen cuya visión y sentimiento vivo guardáis en vosotros. Recordad constantcmente a vuestro intelecto que el Poder de la imaginación es un atributo divino, osea, el Poder de la Vi- sión; el Poder de sentir, de experimentar y de vivir en unión con una imagen perfecta es un Poder Divino.

La sustancia empleada para dar forma a vuestra imagen y a vuestro plan es la pura sustancia divina, por lo que debéis deducir de ello que sólo Dios es el autor, que Él es el acto y la acción, que Él es la realización de cada forma constructiva que en cualquier tiempo haya sido llevada a manifestarse.

Cuando os servís de estas tres fases constructivamente, es imposible que vuestro plan no se manifieste en vuestro mundo visible. Releed con toda la frecuencia posible, durante la jornada, la redacción que hayáis hecho de vuestro plan o deseo, y siempre antes de dormiros, porque entonces la imagen deja una impresión profunda en vuestra consciencia humana y ahí permanece sin ser turbada durante las horas de vuestro sueño. De esta manera la imagen se registra profundamente en la mente externa a fin de permitir que se engendre y acumule bastante fuerza para propulsarla a la experiencia de la vida externa. De esta manera, podéis llevar todo deseo o imagen en vuestra consciencia durante el sueño. En el corazón del Gran Silencio, la imagen se carga de todo poder y actividad divinos. No debéis discutir con los demás ni revelarles, bajo ningún pretexto, nada concerniente a vuestro deseo o actividad de visualización. Esto es un *imperativo absoluto*. No habléis de vuestra visión.

Cuanto más grande sea la acumulación de la energía engendrada por vuestra visualización, vuestra contemplación y el sentimiento de realidad de vuestra imagen, con más rapidez vendrá su manifestación a vuestra experiencia externa.

Millares de deseos, ambiciones o ideales se manifestarían en la experiencia externa de ciertas personas, si no hubieran discutido ello con sus amigos o conocidos.

Cuando tomáis la determinación de tener una experiencia por el empleo consciente de la visualización dirigida, os identificáis con la Ley-Dios. La Ley del Único, que no conoce oposición. Debéis tomar vuestra decisión y mantenerla con todas vuestras fuerzas. Significa esto que tomáis una decisión irrevocable y que debéis manteneros en ello. Con este fin, sabed y sentid que es Dios quien sabe, que es Dios quien siente, que es Dios quien manifiesta y quien controla todas las cosas que conciernen a vuestro plan.

Es la Ley de la Unidad de Dios; y no de Dios sólo.

Hasta el momento que el estudiante no comprenda perfectamente esto, jamás tendrá manifestación alguna. Porque en el momento en que un elemento humano entra en juego, la quitáis de las manos de Dios, y naturalmente, este plan no puede manifestarse porque lo neutralizáis con vuestros conceptos humanos de tiempo, de espacio, de lugar y mil otras condiciones imaginarias que son desconocidas para Dios.

Nadie puede conocer a Dios, en tanto que admita una fuerza opuesta a Dios, porque aceptando que dos fuerzas puedan obrar simultáneamente, neutraliza la actividad de éstas.

Cuando hayáis alcanzado este punto de neutralización, no tendréis cualidad alguna definida en un sentido o en otro. No tendréis resultado ni manifestación alguna de las que esperáis.

Cuando reconocéis a Dios —el Único—, la perfección se manifiesta instantáneamente, porque no hay nada que se oponga a ella o que la neutralice —no hay intervención del elemento tiempo. En estas condiciones, todo se cumple, ya nada puede oponerse al decreto de Dios. Nadie mejorará sus condiciones de vida mientras que no desee la perfección, en tanto que persiste en creer en un poder opuesto a Dios o en la existencia de algo fuera de Él y en Él que pueda impedir que se exprese la perfección divina.

El hecho de aceptar una cosa inferior a Dios —al Todo Divino— constituye elección deliberada de la imperfección y esta elección fue la que provocó la caída del hombre.

Se hace esto a propósito y reflexivamente porque, en razón de su libre arbitrio, el hombre puede escoger a cada instante entre la perfección o la imperfección —sea dicho aparte, no hace falta más energía para representar la perfección que para lo contrario.

Sois vosotros los que representáis al Creador para producir la perfección en vuestro entorno, en el lugar que ocupáis en el Universo. Para realizar la perfección y la soberanía, no podéis conocer y aceptar sino la Ley del Único. La Unidad Divina existe y controla todo completamente en el Universo. Sois la consciencia individualizada de la vida, la Única Suprema Presencia de la Gran Llama de Amor y de Luz. Sólo a vosotros pertenece la elección y el poder de decretar en qué forma vais a investir vuestra vida, porque sois la sola energía que anima vuestro mundo y vuestro campo de acción.

Cuando pensáis o sentís, una parte de vuestra energía vital se desprende de vuestro ser para sostener vuestra creación.

Echad de vuestra mente toda duda o todo temor en lo que concierne al cumplimiento de vuestra visualización. Si penetran en vuestros pensamientos, vuestros sentimientos y vuestras conciencias, sugestiones de imperfección, que no son sino emanaciones humanas, sustituidas inmediatamente por el pleno reconocimiento que vuestro YO Divino y su entorno son la vida de Dios —el Único.

Fuera de los períodos de visualización, estad completamente indiferentes y sin inquietud a su respecto.

No fijéis ningún límite en lo que concierne al momento de su realización y vivid en el presente. Adoptar esta disciplina, practicadla y dispondréis de un poder de acción irrresistible que no ha fallado ni puede fallar jamás.

Recordad siempre que vuestra facultad de imaginación es de origen divino —sois la inteligencia divina directora— sois el Poder de Dios en acción-manipuláis vuestra sustancia, que es divina. Cuando hayáis comprendido esto y meditado profunda y frecuentemente en ello, todo en el Universo se precipitará para colmar vuestros deseos, para ejecutar vuestra orden, para producir la manifestación deseada, porque será enteramente constructiva y de acuerdo con el Plan Divino Original para toda vida y auto-consciente.

Si el Yo Externo acepta verdadernmente el Plan Divino, no puede haber dilación ni fracaso, porque toda la energía empleada es naturalmente perfecta y se precipita para servir a su creador. No hay otra predestinación que la perfección.

Si vuestro deseo o vuestra visión son constructivos, representáis a Dios —Dios regocijándose ante su propio plan.

La visión de Dios es un decreto o un mandato irrevocable de manifestación instantánea.

En la creación de esta Tierra y de este sistema de mundos. Dios dijo: "Que la luz sea y la luz fue". No fueron necesarios "Eones" de tiempo para crear la luz. Esta misma Presencia de Dios está en vosotros, ahora, y cuando visualizáis y decretáis, son los dones de la visión y del verbo creador los que obran en vosotros y por vosotros.

Si sois conscientes de lo que esto significa verdaderamente, podéis mandar su todo-poder y su autoridad, porque sois su consciencia de vida.

Sólo vuestra auto-consciencia de vuestra propia vida es la que puede mandar visualizar o desear un plan constructivo y perfecto.

Todo plan constructivo es una parte del Plan Divino. Tenéis pues, la seguridad de que Dios está en acción y que Él manda: "Que este deseo o este plan se manifieste ahora", y está cumplido.

Lo que son los Maestros Ascendidos

Saint Germain

Los Grandes Maestros Ascendidos son Dioses. No es asombroso, que en la mitología de los antiguos, se relaten sus actividades bajo la forma de mitos y de fábulas. Ejercen ellos el todo-poder divino en todos los tiempos, porque están concentrados con una determinación inflexible en la gran presencia divina. Manifiestan la perfección divina y, de esta manera, todo poder les pertenece.

Cuando Jesús dijo: "En verdad, en verdad, Yo os digo, las obras que Yo hago las haréis y más grandes", sabía Él de lo que hablaba.

Vino Él para demostrar que cada ser humano, en la Tierra, puede lograr y expresar la maestría y soberanía consciente. Dio el ejemplo de la soberanía de los Maestros Ascendidos y probó a la humanidad que es posible para todos llamar al Yo Divino en acción y controlar así conscientemente todas las cosas humanas.

Los grandes Maestros Ascendidos, estos seres de amor, de luz y de perfección que han guiado la expansión de la luz en la humanidad desde el origen de ésta en el planeta, no son un producto de la imaginación. Son seres reales, visibles y tangibles: gloriosos, vivos y animados con tal amor, tal sabiduría y tanto poder como la mente humana no puede concebir.

Por doquier en el Universo, cumplen ellos libre y naturalmente todo lo que el hombre ordinario considera como sobrenatural.

Son ellos los guardianes de la raza; su tarea es la de educar y ayudar al ser individualizado a que desarrolle su consciencia más allá de la expresión de los humanos ordinarios.

Entra este así, de esta manera, en posesión de sus atributos supra-humanos y lo mismo que los estudiantes pasan de la instrucción primaria a los grados universitarios, el discípulo de un Maestro Ascendido pasa del estado humano grosero a la plena y continua expresión de su divinidad.

Un Maestro Ascendido es un ser individualizado que, por un esfuerzo consciente, ha desarrollado bastante amor y poder en sí mismo como para romper las cadenas de todas las limitaciones humanas. De esta manera liberado, digno es de manipular fuerzas que están más allá de la experiencia humana. Se identifica Él con la omnipresencia divina —la vida—. Todas las fuerzas y todas las cosas obedecen, porque Él es un ser dotado de libre arbitrio y consciente del Yo Divino, controlando todo por la manipulación de su luz interior. "Un Maestro Ascendido es capaz de ayudar a los que vienen a ponerse bajo su dirección, por la radiación o la efusión de esta luz que es verdaderamente su propia esencia luminosa de Amor Divino".

Cuando tal radiación se dirige a un discípulo, los cuerpos sutiles de éste sobre todo los cuerpos de deseo, mental y causal, absorben la esencia luminosa del maestro y la luz de estos cuerpos se intensifica y brilla con mayor fuerza, como una chispa que se transforma en una llama. Esta esencia luminosa es la más concentrada fuerza del Universo, porque disuelve toda discordia y establece un equilibrio perfecto en toda manifestación.

El cuerpo del Maestro Ascendido emite continuamente rayos de esta esencia luminosa, disolviendo la discordia terrestre, como los rayos de fuerza llamados luz y calor de nuestro sol físico disuelven la niebla.

La radiación que los maestros vierten hacia la Tierra es energía conscientemente concentrada y, habiendo recibido una cualidad determinada, se dirige después hacia el cumplimiento de un fin determinado. De esta manera y por millares de veces, personas y localidades reciben una protección de que la humanidad es totalmente inconsciente, continúa ésta su existencia ignorando serenamente a sus protectores y bienhechores.

En este papel, los Maestros Ascendidos tienen la facultad de cambiar de cuerpo como ordinariamente se cambia de vestidos, porque la estructura celular está siempre bajo control consciente y cada átomo responde a cada una de las directivas de aquéllos.

Son libres ellos de emplear uno o varios cuerpos, si lo que quieren realizar lo pide; porque su capacidad de reunir o de disolver un cuerpo atómico es ilimitado.

Son ellos la manifestación todopoderosa de toda sustancia y de toda energía porque las fuerzas de la naturaleza, los 4 Elementos, son sus servidores voluntarios y obedientes.

Estos seres gloriosos, guardianes e instructores de las razas humanas en evolución, son llamados Maestros Ascendidos de amor, de luz y de perfección. Incontestablemente son todo lo que la palabra "Maestro" sugiere.

Manifiestan ellos, por el amor, la sabiduría y el poder del Yo Divino interior en acción, su maestría de todo lo que es humano.

Por este hecho, hicieron la Ascensión al plano de expresión por encima de lo humano —en lo sobrehumano— el divino, la pura, eterna, todopoderosa perfección.

En su ignorancia y sus limitaciones, la humanidad terrestre se permite juzgar o expresar opiniones diversas sobre Jesús y otros Maestros Ascendidos este hábito es de los más desastrosos, porque estas críticas retornan a los que las emiten y les atan más estrechamente a los sufrimientos y a las limitaciones que ellos mismos se han creado.

Habiéndose liberado los Maestros Ascendidos de las limitaciones humanas por una efusión de luz flamígera y, por la actividad de la ley, son impenetrables a todo pensamiento humano discordante. De esta manera, todo pensamiento o sentimiento destructivo quedan obligados a retornar hacia los que los han emitido y les atan más estrechamente a las cadenas que ellos mismos se han forjado.

Si los seres humanos pudiesen ver sus pensamientos, sentimientos y palabras por doquier en la atmósfera, en el éter, aglomerándose con los que le son semejantes, después volviendo a su emisor, no solamente quedarían estupefactos de su creación, sino que gritarían pidiendo socorro y, a fin de disolver tales creaciones se volverían con determinación hacia su propia divinidad y en ella se refugiarían.

Pensamientos y sentimientos son cosas vivas y vibrantes. El que sabe esto empleará su sabiduría y se controlará en consecuencia.

El Yo Divino interior es, con relación al Yo Exterior, lo que Jesús representa con relación a la humanidad que hace sus experiencias en la Tierra. Él reveló el registro del Maestro en el mundo exterior y Él es para siempre la prueba viva de que el ser humano es capaz de liberarse de todas las limitaciones y de expresar la divinidad de acuerdo con el Plan Original, porque, en el origen la humanidad vivía en la libertad y la armonía.

Cuando los que estudian la vida y las leyes del Universo de una manera más profunda que el resto de la humanidad se hacen conscientes de la existencia de los Maestros Ascendidos desean ir hacia estos grandes seres a fin de obtener instrucción de ellos.

El alma es la que aspira a más luz; pero el Yo Externo no realiza en manera alguna sus relaciones con estos grandes seres completamente divinizados. Sólo por la actividad de un amor bastante grande y una disciplina completa del Yo Externo, un estudiante sincero, convencido y determinado, puede tener contacto con uno de estos Maestros Ascendidos. Si el motivo por el que este contacto se busca es la curiosidad o el deseo de asegurarse de si existen o no los Maestros Ascendido o para obtener la solución de un problema, el contacto jamás se hará, porque ellos de ninguna manera se interesan en dar satisfacción al lado humano del estudiante. Todos sus esfuerzos conciernen a la expansión del Yo Divino interno, a fin de que su poder se intensifique hasta el punto de romper las limitaciones del Yo Externo que traban sus manifestaciones en los planos mental. emocional y físico, es decir, en pensamiento, sentimiento y acción.

Las debilidades y limitaciones hacen el vehículo impropio para ser un instrumento adecuado para la expresión del gran Yo Divino interno. El cuerpo humano con sus facultades es el "Templo de la Energía Divina" que la gran presencia divina produce a fin de emplearlo para la manifestación del Plan Divino.

Si la energía divina se derrocha para la satisfacción incontrolada de los apetitos y de los deseos del Yo Externo y si a la Presencia Interior no se le pone en posesión de su vehículo, entonces ella se retira, privando al Yo Externo del poder de manipular; la mente y el cuerpo entran en decrepitud, después se disuelven. Es el estado que el mundo llama muerte.

El que busca el contacto con un Maestro Ascendido en el cuerpo visible tangible y vivo, sin haber pasado por una preparación que ponga en concordancia gradualmente su estructura externa y su mente con la del maestro, es como un alumno del jardín de infancia que pidiera a un profesor de Universidad que le enseñase el ABC.

Los Maestros Ascendidos son en realidad grandes baterías cargadas con un poder y una energía formidables; todo lo que toca la radiación de ellos se carga en grado sumo con su esencia de luz, exactamente como una aguja que, puesta en contacto con un imán, toma las cualidades de éste y queda imantada.

La ayuda y la radiación de los Maestros Ascendidos es un don de amor esencialmente; es por eso que ellos no emplean jamás su fuerza para obligar.

La Ley del Amor, la Ley del Universo y la Ley de los Seres Individualizados no permiten a los maestros tratar el ejercicio del libre arbitrio de las individualidades, salvo en los períodos de actividad Cósmica, cuando el ciclo cósmico suplanta al individuo. En estas épocas es cuando los Maestros Ascendidos pueden dar más asistencia de la habitual.

La Tierra se encuentra ahora en uno de estos ciclos y se da actualmente la más intensa radiación de luz que se haya conocido hasta el presente, a fin de clarificar a la húmanidad. de restablecer el orden y el amor indispensables para el mantenimiento de nuestro planeta y del sistema de mundos a los que pertenecemos.

Todo lo que no se conforma o no quiere conformarse con el orden, el equilibrio y la paz que en la vida de la Tierra deben expresarse en el porvenir deberá encontrar cualquier otra parte del Universo para allí adquirir la comprensión de la ley.

Sólo hay un pasaporte que da acceso a la presencia de los grandes seres; bastante amor dado al Yo Divino y a los maestros, unido a la determinación de desarraigar de la naturaleza humana toda discordia y todo egoísmo.

Cuando se está suficientemente determinado para servir exclusivamente a la manifestación del Plan de Vida constructivo, se disciplina la naturaleza humana incluso si la tarea es ardua.

Entonces, automáticamente, será atraída hacia el estudiante la atención de un Maestro Ascendido, y el maestro, viendo sus esfuerzos, radiará hacia él el valor, la fuerza y el amor que le sostendrán hasta que llegue a mantener el sentimiento del contacto permanente con su propia divinidad interior.

El Maestro Ascendido sabe y ve todo lo que concierne al estudiante, porque Él lee claramente el registro hecho en el aura. Revela éste el desarrollo del discípulo: sus puntos fuertes como sus debilidades. El Maestro Ascendido es la omnisciencia y la visión divinas; nada le está escondido. El que tiene la ambición de estar en la presencia visible y tangible del Maestro Ascendido debe comprender que, a menos que se transforme en un sol radiante de amor, de luz y de perfección; que el Maestro pueda intensificar y emplear como una parte de sí mismo y dirigir a voluntad y conscientemente no importa dónde, de ninguna utilidad será y constituirá una traba y una pérdida de energía para el maestro.

Si el estudiante no ha disciplinado ya el Yo Externo, o no está dispuesto a hacerlo, habiendo adquirido la calma mental, sentimientos afables y amorosos y un cuerpo robusto, no constituye una materia que un Maestro Ascendido puede emplear en el servicio sobre-humano que Él cumple.

Si el estudiante no posee un vehículo robusto, bien controlado y armoniosamente desarrollado, es incapaz de cooperar con un Maestro Ascendido y realizar todo lo que está más allá de toda experiencia hurnana.

Si uno de estos seres perfectos aceptase a un discípulo desprovisto de estas cualidades, cometería el mismo error que el constructor que hiciera una máquina o una cosa con materiales no aprobados. Esta especie de material no resistiría una tensión excepcional, una necesidad urgente o un servicio prolongado. No sería una prueba de sabiduría de amor o de misericordia, someter a alguien a una experiencia para la cual no tiene el entrenamiento, ni la resistencia requerida. Como los Maestros Ascendidos son el colmo de la perfección, no obran sino con justicia, amor y sabiduría. La actitud del que desea colaborar conscientemente con los Maestros Ascendidos no debe ser: "Quisiera ir a ellos para recibir instrucción", sino más bien; "Quisiera purificarme, disciplinarme y perfeccionarme; llegar a ser tal expresión de amor, sabiduría y poder para que pueda asistirles y, entonces, seré atraído por ellos. Quiero amar con tanta constancia, tan infinita y tan divinamente, que el resplandor de mi luz les permita aceptarme".

Corregirse y controlar las fuerzas accesibles a la consciencia humana no se cumple inmediatamente haciendo lo que a uno le plazca, quedando letárgico y dando satisfacción a los sentidos, porque los sentidos del ser humano se desencadenan y lo humano se rebela furiosamente contra la represión indispensable de su naturaleza inferior. Pero debe esto cumplirse antes de llegar a gobernar las fuerzas del ser, sobre todo las de los sentimientos, a fin de emplearlas y ponerlas en acción exclusivamente bajo la soberanía consciente de la mente divina.

El proverbio que dice: "Muchos son los llamados y pocos los elegidos" es muy verdadero. A todos se les llama constantemente, pero pocos están suficientemente despiertos para realizar el gozo extático y la perfección del Yo Divino; para oír su voz en la luz, siempre llamado, cada uno debe regresar a la casa del Padre. Cada ser en la Tierra es libre a cada instante de elevarse y de ir hacia el Padre, el Yo Divino, a condición de volver la espalda a la creación de los sentidos humanos y de guardar su atención sobre el único manantial en todo el Universo de donde proceden la paz, la felicidad, la abundancia y la perfección.

Existe un medio que permite a todos entrar en contacto con los Maestros Ascendidos el de pensar en ellos, llamarles. Responderán a cada llamada por su presencia de amor; pero el motivo de la llamada debe ser el amor a la única fuente, el amor a la luz, el amor a la perfección.

Si esta intención es real, determinada y perseverante, recibirá el estudiante más y más luz, porque la luz reconoce lo que le es semejante y da de sí misma sin parar, sin condición y a cada instante. Pedid y recibiréis, llamad y se os abrirá, buscad y encontraréis, llamad a la luz y los Maestros Ascendidos responderán, porque ellos son la luz de este mundo.

INSTRUCCIONES FUNDAMENTALES

PARTE III

Directivas de los Maestros Ascendidos en lo que Concierne a la Actividad YO SOY (I AM) en Grupo

Solamente Jesús, Saint Germain, Godfré y los otros Maestros Ascendidos constituyen la autoridad dirigente de la actividad YO SOY.

La finalidad de las reuniones es la de permitir a los estudiantes el dar su energía con el amor y la pureza necesarias que permiten a los Maestros Ascendidos emplear esta energía amplificada para la protección y liberación de la Tierra y de la humanidad.

Por esta razón, sólo los Mantram y Llamadas dadas por los Maestros Ascendidos son los que se recitan durante los servicios, también por ello debe observarse el orden del ritual.

Los líderes del grupo no son instructores o maestros responsables, sino estudiantes que han aceptado dar obediencia a las directivas precedentes a fin de asegurar el buen orden de marcha durante los servicios.

Los asistentes deben colaborar con los líderes y sostener a éstos por su amor, su gratitud, su constante buena voluntad, a fin de crear un ambiente armonioso y alegre. Todos deben prepararse cada día para el próximo servicio que es una reunión de familia feliz donde nuestros Maestros Bien-Amados vienen a encontrar a sus hijos a fin de cumplir cada vez un servicio especial trascendente para cada estudiante, la Tierra y la humanidad.

La duración de las reuniones se fija en dos horas aproximadamente; es necesario este tiempo para eliminar las vibraciones del mundo exterior, calmar la energía de los vehículos inferiores y permitir a los maestros irradiar sus cualidades, su sustancia de Maestros Ascendidos en la mente y los sentimientos de los discípulos.

Durante los servicios sólo se leen las Instrucciones que vienen de los Maestros Ascendidos, porque estas palabras de los Maestros Ascendidos son copas en las que ellos vierten su comprensión, Su memoria divina concerniente a lo que se enseña. Nada tiene esto de común con un estudio intelectual. En la medida de lo posible vestíos como para una ceremonia, una fiesta, adoptando colores claros y bellos, ya que estáis en presencia de seres puros y divinos. Se recomienda llegar en silencio y salir de la reunión en la calma y el recogimiento, a fin de no disipar la nueva vibración creada por los Maestros durante el servicio.

Pero no será necesario caer en la morosidad o adoptar una actitud de melosa devoción, porque los Maestros Ascendidos son tan suma y perfectamente inteligentes que pueden ser naturales y plenos de humor; siendo perfectos son felices, alegres y su radiación dispensa siempre la felicidad y una paz sobrehumana.

Preferible es no hacer preguntas o relatar experiencias personales durante los servicios, porque el tiempo es corto y debe consagrarse enteramente al ritual. Más tarde se podrán organizar reuniones para los estudiantes serios y fieles donde deben formularse preguntas y darse respuestas y contarse experiencias interesantes con toda fraternidad.

Conformándose con flexibilidad y buena voluntad a la directiva que se dan los líderes y los estudiantes harán rápidos progresos y atraerán las bendiciones de la Poderosa Presencia YO SOY de los Maestros Ascendidos que aman a los estudiantes infinitamente más de lo que podemos comprender en la consciencia externa.

Godfré

Las Actividades de la Luz Durante los Servicios

En cada servicio, una cierta cualidad (vibración) se imprime en vuestras conciencias, puesta de alguna manera a vuestra disposición para ser empleada en vuestras actividades. Después estas cualidades, que son sustancia de los Maestros Ascendidos, son elevadas a vuestro cuerpo mental superior. Significa esto que vuestro cuerpo mental superior, que es la actividad constructiva en vuestra esfera, posee la cualidad de los Maestros Ascendidos y puede servirse de ella para asistiros en vuestra acción exterior.

Semejantes actividades no han sido empleadas precedentemente desde la creación del planeta y es la prueba de la ayuda magnífica y extraordinaria que actualmente se da a los estudiantes.

Tomando posición para siempre en la luz de vuestra Poderosa Presencia YO SOY aceptando que tendréis en adelante estas cualidades de los Maestros Ascendidos formando parte integrante de vuestro ser de manera permanente, no hay en suma nada en el mundo externo que pueda oponerse a la autoridad, al poder y a la capacidad de vuestra Poderosa Presencia YO SOY de producir su perfección en vuestras vidas.

Significación de Ciertas Palabras Empleadas en la Instrucción YO SOY (I AM)

El vocablo humano es siempre sinónimo de discordante y opuesto a la perfección divina.

Cuando los Maestros Ascendidos aniquilan una cierta creación, los estudiantes y los lectores deben darse cuenta de que es imposible aniquilar a Dios, la creación o la actividad divina. Nada puede destruirse o consumirse sino la creación humana imperfecta y discordante y, es indispensable que esto se haga, a fin de hacer sitio para la perfección de la Edad de Oro permanente que debe manifestarse ahora en la Tierra.

Comprensible es para toda persona inteligente que la invocación de la divinidad y de los Maestros Ascendidos representantes de ésta en la Tierra no puede producir sino la aniquilación de las apariencias que parecen oponerse al cumplimiento del Plan Divino.

Por la acción de la ley que se pone en actividad por estas llamadas, la Poderosa Presencia YO SOY y los Maestros Ascendidos proyectan la Llama del Amor Sagrado del Fuego Sagrado, que es la más elevada tasa vibratoria en manifestación.

Haciendo penetrar esta más intensa concentración de la pura fuerza electrónica en una persona, un estado de cosas o circunstancias dadas, se produce una purificación, alzando la tasa vibratoria hasta el punto en que la discordia no puede ser ya registrada.

Los Maestros Ascendidos y la Poderosa Presencia YO SOY jamás emplean una fuerza destructiva, porque sus llamadas al YO SOY ponen en acción el amor, la sabiduría y el poder en perfecto equilibrio.

Toda otra interpretación de esta magnífica instrucción YO SOY y de las afirmaciones y llamadas dadas por los Maestros Ascendidos no es sino una deformación intencional y malévola producida por la fuerza siniestra obrando por el canal de ciertos humanos que son de ella víctimas, sean agentes conscientes o inconscientes.

La instrucción YO SOY liberará a la humanidad de esta forma siniestra, y a todo el que trate de retardar la expansión de esta luz decimos: "No tenéis poder y vuestra intención destructiva se volverá contra vosotros y os aniquilará".

Instrucción Concerniente a las Promesas, los Votos y los Juramentos

Bien-amados Hijos de la Luz por doquier en el mundo, vosotros que llamáis a la luz y que deseáis liberaros por su actividad: Sabed que Dios no os ata y que lo humano no tiene el derecho ni el poder de hacerlo, a menos que vosotros mismos lo admitáis. Si en el pasado antes de haberos hecho conscientes plenamente de vuestra Poderosa Presencia YO SOY y de los Maestros Ascendidos habéis hecho promesas, votos o juramentos en diversas agrupaciones u organizaciones; llamad a vuestra Bien-Amada Presencia YO SOY en acción, a fin de que corte todas las ataduras que retrasarían vuestra liberación o que os impondría una limitación o un compromiso cualquiera.

Sólo el temor o el miedo pueden manteneros ligados a formas prescritas y sólo la fuerza siniestra es la que emplea las armas del miedo y de la intimidación para conservar su presa sobre la humanidad.

El ser que se hace consciente de su Yo Divino, la Poderosa Presencia YO SOY nada tiene que temer en el Universo; nada ni nadie puede atarle, turbarle o limitarle, a menos que él lo consienta voluntariamente.

Esta instrucción trascendente sobre el YO SOY se da por los Maestros Ascendidos directamente de la Octava de Luz, a fin de liberaros, y quedaréis libres de toda limitación si tomáis posición bajo vuestra Poderosa Presencia YO SOY, en la luz.

Haceos pues, conscientes del amor y del poder de vuestra propia divinidad y aceptad que el Cristo, Dios en vosotros, es vuestra victoria sobre todo en este mundo.

Sólo el temor puede impulsaros a aceptar todas estas formas, organizaciones, actividades caducas que oprimen y extravían a los humanos. Si sentís el menor temor es que no amáis a vuestro Dios interior, el manantial y el dispensador de vuestra vida y de todo lo que tenéis de bello y de bueno: ¡Vuestra Poderosa Presencia YO SOY!

Si queréis llamar a vuestra Poderosa Presencia YO SOY en acción, pidiéndole que aniquile en vosotros y vuestro radio de acción todo miedo y toda limitación, lo mismo que su causa, efecto, registro y recuerdo, sentiréis como rápidamente vuestra consciencia se eleva por encima de estas vibraciones discordantes y manifestaréis la victoria de la luz divina en vosotros.

Varias actividades y escuelas ocultas de los ciclos precedentes exigían el juramento de sus miembros o de sus iniciados; pero esta práctica provocó tal miedo que la fuerza siniestra pudo apoyarse en este sentimiento para introducirse en estas escuelas y sojuzgarlas. En aquella época, la Gran Ley Cósmica no permitía que el conocimiento de la Presencia YO SOY se diese fuera de los centros iniciáticos. Pero, después de 1929, oleadas cada vez más poderosas de Luz Cósmica han tocado la Tierra y debe darse ahora la oportunidad a la humanidad de que conozca y llame a la Luz de la Octava de los Maestros Ascendidos, si los seres lo desean.

La Gran Ley Cósmica es la que proscribe para siempre todo el ocultismo de la Tierra. Esta decisión de lo alto representa infinitamente más para la liberación de los seres humanos de lo que el intelecto puede imaginar.

Poco importa la opinión de ciertas personas a este respecto, la Ley Cósmica no se inquieta por opiniones humanas en su gobierno y su soberanía sobre el Sistema Solar.

La presente instrucción es la verdad en esta materia y viene directamente de los Maestros Ascendidos que la sostienen por su poder y su autoridad.

Por consiguiente, aquellos que conozcan a su Poderosa Presencia YO SOY y tomen posiciones de su luz ¡serán libres para siempre!

Queridos Hijos de la Luz: aceptad estas revelaciones que los Maestros Ascendidos os ofrecen con tanto amor y bondad.

Sed libres y gozad de la felicidad a la que tenéis derecho por vuestra filiación divina. La vida no os impone ninguna limitación. El amor no os pide ninguna privación. Tenéis el derecho a emplear la energía y la sustancia divinas ilimitadas para crear perfección para vosotros y alrededor de vosotros. No permitáis que seres humanos, con menos conocimientos espirituales que vosotros, os impongan sus conceptos tejidos de ignorancia y de oscuridad y que os dominen con el espantajo de juramentos y promesas que os han sido arrancadas bajo el imperio de vuestra ignorancia pasada.

Emplead vuestro libre arbitrio. Tened confianza absoluta en el Cristo —Dios es la luz en vosotros— nuestro Maestro Interior.

Armonizad vuestros sentimientos. He aquí que sois libres —sois fuertes— sois divinos. Probadlo por vuestro género de vida y recordad siempre que sois la única autoridad en vuestro ser y en vuestra existencia.

El Poder de la Llama Violeta

Ha llegado el período cósmico en que los Maestros Ascendidos nos invitan a entrar en la victoria y la libertad de la luz. El empleo consciente de la Llama Violeta es el medio que pone a disposición de nuestra propia vida, la Poderosa, Presencia YO SOY, para disolver las cualidades destructivas y las circunstancias indeseables de manera armoniosa y permanente; podemos consumir las causas que las han engendrado, borrar la memoria y el registro de ellas para siempre.

El Rayo Violeta, tal y como se conoce desde el punto de vista de la ciencia profana, es un aspecto menor de la acción infinita de la radiación Violeta hacia esta Tierra. Es una actividad de nuestro sol físico que produce un efecto de purificación por una acción vibratoria específica.

Nuestro Bien-Amado Maestro Saint Germain es la autoridad en lo que concierne a la acción de este Rayo Violeta para la Tierra. Emplea Él la fuerza electrónica de esta radiación para provocar la disolución de la creación destructiva de los humanos, en un grado infinitamente superior al que se conoce en el mundo externo. Todo Rayo dirigido por uno de los Maestros Ascendidos está siempre calificado por el amor, la sabiduría y el poder en perfecto equilibrio; por consiguiente, cuando llamáis a vuestra Poderosa Presencia y a los Maestros Ascendidos en acción para dirigir la Llama Violeta hacia nosotros o hacia una situación dada, no puede resultar sino bienestar, paz y el sentimiento del Amor Divino. Todo ser que sincera, honestamente y con persistencia haga llamada a la Llama Violeta, guardando la armonía en los sentimientos, podrá obtener esta asistencia purificadora que viene de su Presencia YO SOY y de los Maestros Ascendidos para permitirle transmutar la imperfección humana en la perfección divina.

Por el empleo constante de las llamadas que se han dado, formáis una reserva de energía calificada del poder de purificación que terminará por saturar la sustancia de vuestros cuerpos, de vuestras mentes, de vuestros sentimientos y de vuestro entorno, hasta el punto de que ninguna vibración inarmónica podrá registrarse en vosotros.

Entonces la energía vital de vuestra Poderosa Presencia YO SOY, que contiene la posibilidad de manifestar y de producir para vuestro uso todo lo que podáis desear para vuestra alegría y vuestra felicidad, será al fin libre para daros esta perfección, esta paz y esta armonía que vanamente habéis buscado en otros lugares.

Vivir es emplear continuamente energía imprimiéndole una calificación. Si aprendéis a calificar de perfección todo lo que pensáis, decís o hacéis varias veces al día, por el empleo del Poder Todopoderoso de la Llama Violeta de los Maestros Ascendidos se instaurará en vosotros un gran bienestar y la presión de la discordia exterior deberá ceder alrededor vuestro y de los que os rodean.

La manifestación Universal se cumple siguiendo un plan y leyes preestablecidas. Como seres en un estado de consciencia individual, nuestra vida nos da el libre arbitrio que permite emplear la energía a voluntad para crear según nuestros deseos. Pero si al principio nuestras creaciones no han sido perfectas y conformes con el Plan Divino, es necesario que tengamos la posibilidad de hacer la corrección que se impone, liberando la energía y la sustancia que habían sido mal empleadas. Podemos hacerlo por el empleo consciente de la Llama Violeta.

Pero el Yo Externo no tiene el control del Rayo Violeta, ni de ninguna actividad del Fuego Sagrado: he aquí por qué debemos hacer la llamada consciente a la Poderosa Presencia YO SOY y a los MaestrosAscendidos.

El tiempo previsto por el Plan Divino para permitir la manifestación de la posibilidades físicas, incluso las más inferiores, había transcurrido en 1932.

En este ciclo que terminó, el conocimiento claro y neto de la Poderosa Presencia YO SOY y el empleo del verbo creador YO SOY, lo mismo que el conocimiento correlativo de la Llama Violeta Consumidora, no podían ser revelados a la masa, y sólo aquellos cuyo Amor era tan grande como para atraer la atención de un maestro, recibían bajo el sello del silencio y del secreto, comunicación de estos tres conocimientos trascendentes que permiten a cada ser individualizado llegar a ser un creador de perfección y tener soberanía sobre toda energia y sustancia.

Dijo Jesús: "La humanidad habla con gran admiración de mi misterio y de lo que realicé, cuya mayor parte se ignora y no se ha comprendido. Sin embargo es mi Bien-Amado Hermano Saint Germain el que perfecciona este ministerio de una manera magnífica. ¿Por qué? Porque Él es la ley, la autoridad de la Llama Violeta Consumidora —lo que Yo no Soy".

Sólo Saint Germain podía poner en marcha para la Tierra la acción intensiva de la Llama Violeta que permitiese disolver el astral o mundo psíquico inferior con todas las fuerzas destructivas, las formas, pensamientos que lo constituyen y liberar así a la humanidad de la presión de toda sustancia descalificada.

Queridos estudiantes: Si nada más que por un instante creéis que no tenéis necesidad de emplear la Llama Violeta Consumidora, un día u otro vendrá la desgracia o la angustia a vuestra vida. Cuando habéis entrado en esta luz, no podéis tomar una parte y dejar el resto; os es necesario vivir según la Ley completamente o permanecer fuera.

Os ofrecemos con bondad los dones de la luz y os explicamos y pedimos que hagáis lo que nosotros sabemos que es absolutamente indispensable, pero si no queréis creernos, descubriréis que os habéis equivocado. Todo los seres incorporados en este período tienen necesidad del empleo intensivo de la Llama Violeta Consumidora para disolver la acumulación de energía descalificada por centenares y millares de siglos de incorporaciones.

El Poder de la Bendición

Saint Germain

Mis queridos estudiantes: hablad siempre unos a otros con una bondad amante.

Si es necesario, calmaos y no habléis sino cuando todo sentimiento de irritación haya desaparecido. Debe mantenerse en vuestros sentimientos una gran armonía y una calma imperturbable, porque intensificamos la energía en vosotros para nuestra asistencia. Si hay una apariencia de defecto o de falta en vuestros condiscípulos o vuestro prójimo, decid a esta energía descalificada: "Tu no tienes poder Bien-Amada Presencia YO SOY toma el control de este hermano bien-amado y produce tu perfección en él". Después, rehusad el tener una opinión que concierna a la situación.

¡Qué amor, qué alegría y qué majestad entrarán a vuestra vida, si queréis observar esto! Vosotros que trabajáis en el mundo exterior, id a vuestro trabajo difundiendo tanto amor que nada ni nadie pueda resistir esta perfección.

Si alguien ha cometido un error, decid: "Poco importa, toda la humanidad ha tomado el hábito de equivocarse, pero llamamos a la ley del perdón en acción y pedimos a la Poderosa Presencia YO SOY que vele para que esto no se presente más". Continuad después vuestro camino y bendecid a todo el mundo sin reserva y quedaréis felizmente sorprendidos del éxito que vendrá a vuestra vida.

Os hablo hoy con un poder y una radiación que os harán comprender estas simples cosas que son, sin embargo, muy importantes. Cuando hayáis mostrado vuestra maestría en estas pequeñas cosas, vuestra presencia os dará la maestría sobre cosas más importantes. Si sois incapaces de controlar los átomos de vuestros cuerpos ¿cómo podríais gobernar los de los demás?

Después de todo, no hay sino una inteligencia que gobierna a los demás y es su Poderosa Presencia YO SOY.

Con todo mi amor os digo: Vigilad vuestros sentimientos y vuestro entorno y no manifestéis sino armonía y buena voluntad hacia todos. Habréis sellado así las puertas de la duda y del temor y habréis entrado en la gloria de la Luz de Oro trascendente. Bendecios constantemente los unos a los otros. Si alguien comete un error, tendrá necesidad de vuestras bendiciones para fortificarse, y si todos son impecables, entonces vuestras bendiciones intensificarán la gloria que ya poseen.

Mis bien-amados: recordad que no hay ninguna excusa para la irritación o la cólera. Gobernando vuestros sentimientos permitiréis que entren en vuestras vidas bendiciones innumerables y grandes.

Mi amor os envuelve siempre y Yo respondo siempre a todas las llamadas que me dirigís. Tenéis igualmente el permiso de llamar al Gran Director Divino y si vuestras corrientes de vida lo permiten, se suspenderá la acción del tiempo y del espacio, a fin de permitiros entrar más rápidamente en la gloria de vuestra presencia por la victoria de vuestra Ascensión.

Todos los Maestros Ascendidos os bendicen y os aman con un amor que disuelve todo lo que no les es semejante. La armonía de vuestros sentimientos Nos permite daros sin medida, a fin de que pronto estéis a nuestro lado en la Octava de Luz.

La Copa de Cristal Cósmica

Lotus

La "Copa de Cristal" de los diez mil soles, o la "Copa de Cristal Cósmica" es una concentración de la sustancia-luz del Gran Sol Central que ha sido calificada previamente, de una manera especial, por los Grandes Seres Cósmicos. Esta sustancia luz posee el poder especial de disolver todo lo que es discordante, en la Octava física de la Tierra. Deben tener los seres humanos, en la propia energía de su cuerpo mental inferior y del cuerpo de deseos, un cierto porcentaje de pura fuerza electrónica ascensional, precalificada por la consciencia de los Maestros Ascendidos a fin de provocar la desintegración de las líneas de fuerza por las que las fuerzas siniestras conectan con la humanidad en el mundo exterior.

Desde que la luz de la Copa de Cristal Cósmica se llama en acción en la atmósfera de la Tierra, la luz en todo ser humano toma expansión y comienza a ejercer su soberanía y su maestría sobre la discordia.

La acción de la luz de la Copa de Cristal Cósmica, es doble: purifica la atmósfera que rodea a un individuo e intensifica la llama en los corazones de los seres dándoles el sentimiento de fuerza, de valor, de energía y de dominación sobre las circunstancias exteriores. Cuando la liberación de los seres en lo exterior y su energización en lo interior han alcanzado un cierto grado, las fuerzas destructivas pierden su acción, porque no encuentran éstas, más sustancia descalificada en el cuerpo emocional para ejercer su dominio.

Se produce entonces el choque de retroceso en la causa destructiva o en el cerebro o el cuerpo de los individuos destructivos que no quieren responder a la acción de la luz cósmica.

Haciendo la llamada para el descenso del poder de la Copa de Cristal Cósmica en nuestros seres y nuestro entorno nos ponemos en conexión consciente con esta gran actividad de la luz cósmica. En respuesta a nuestro amor, los seres cósmicos nos inundarán de la sustancia flamígera de la luz cósmica calificada exactamente para producir la acción específica de que tengamos necesidad. Es necesario crear una fuerza-viva de esta sustancia.

Hay lugar para hacer una diferencia en el empleo de los términos: "Potencia" y poderes de la "Copa de Cristal Cósmica". "Potencia" significa la presión cada vez más intensa de la sustancia-luz que se difunde a continuación de la llamada. "Poderes" se refiere a las cualidades o actividades particulares de la Octava de los Maestros Ascendidos que éstos proyectan y concentran en nosotros y alrededor de nosotros a fin de poner más de su inteligencia a nuestra disposición para dirigir en nosotros y alrededor de nosotros la luz cósmica y la fuerza electrónica intensificada que pedimos a la Presencia YO SOY.

Al llamar a las actividades de la luz de la Copa de Cristal Cósmica en Argentina y América, esta pura fuerza electrónica penetra en el cerebro y los sentimientos del pueblo con la facilidad de los rayos X y disipa las sombras como los rayos de Sol hacen evaporar la niebla.

Al dar reconocimiento y al llamar a estas grandes corrientes de la potente fuerza electrónica, conseguimos que los seres destructivos y los impulsos erróneos, que provocan el mal uso del libre arbitrio, sean disueltos y reemplazados por la actividad purificadora, armonizante, fluminadora y energetizante de los seres cósmicos y de los Maestros Ascendidos que gobiernan la actividad de la Copa de Cristal Cósmica.

LLAMADA:

Potencia (3v.) de la Copa de Cristal de los diez mil soles (3v. todo) en nuestros seres y nuestro entorno desciende; en Argentina, desciende en todas las naciones del mundo desciende; desciende, desciende, desciende...

Poderes (3v.) de la Copa de Cristal de los diez mil Soles (3v. todo) en nuestros seres y nuestro entorno desciende; en Argentina, desciende en todas las naciones del mundo desciende; desciende, desciende, desciende. . .

La Juventud Eterna, el Pensamiento y el Equilibrio

(Misterios Develados)

La juventud eterna, explicó Él, "Es la Llama de Dios que Mora en el Cuerpo del Hombre —la Dádiva de sí mismo del Padre en Su Creación". La juventud y belleza de la mente y del cuerpo solo pueden ser conservadas *permanentemente* por aquellos individuos que son lo suficientemente fuertes para cerrar la puerta a la discordia, y todo el que haga eso puede expresar y expresará la perfección y la mantendrá.

Cuando la paz, el amor y la luz no moran dentro de los pensamientos y sentimientos de un ser humano, ninguna cantidad de esfuerzo físico puede posiblemente hacer que el "YO" externo siga expresando juventud y belleza. Éstas existen eternamente dentro de la Llama Divina que es el "YO" divino de todo individuo. Cualquier discordia que el "YO" externo permita pasar a través del pensamiento y sentimiento es estampada en ese instante sobre la carne del cuerpo físico. La juventud y la belleza eterna son auto-creadas y siempre son auto-existentes dentro de la Llama de Dios en todo ser humano. Este es el plan de Dios para manifestar su perfección dentro del mundo de la forma y para mantenerlo eternamente.

La juventud, la belleza, y la perfección son atributos del amor que el "YO" Divino continuamente está derramando sobre su creación. Dentro de cada individuo se encuentran el poder y los medios para mantener y aumentar esa actividad de creación perfecta y siempre expansiva.

El poder de realización es la energía del "YO" Divino en cada individuo nacido en el mundo. Siempre está activa en todo momento dentro de tu mente, cuerpo y mundo. No hay un instante en que esta poderosa energía no esté fluyendo a través de todos los individuos. Tienes el privilegio de calificarla como quieras, por orden de tu propia libre voluntad, a través del pensamiento y del sentimiento dirigidos conscientemente.

El pensamiento es lo único en el universo que puede crear vibraciones y a través de las vibraciones calificas a esta energía que fluye eternamente con cualquier cosa que desees se manifieste en tu vida y mundo. Esta energía ilimitada, inteligente y radiante fluye sin cesar a través de tu sistema nervioso, y es la vida eterna y la vitalidad en la corriente sanguínea que corre a través de tus venas. Es una actividad omnipotente, omnipresente e inteligente que te ha sido concedida por —el padre— el Principio Divino de Vida; para ser dirigida conscientemente de acuerdo con tu libre voluntad. La verdadera inteligencia, que usa todo constructivamente —viene solamente del Principio Divino— la llama de vida, y no es meramente la actividad del intelecto.

La verdadera inteligencia es sabiduría o conocimiento divino y no piensa o puede pensar pensamientos erróneos. Los pensamientos erróneos sólo vienen de las impresiones dejadas sobre el intelecto por el mundo fuera del individuo. Si los individuos pudieran distinguir sus propios pensamientos, es decir los pensamientos del interior de la Llama Divina, de las sugestiones lanzadas por los intelectos de otras personas y la evidencia de los sentidos que sólo considera las apariencias, podrían evitar todas las actividades y condiciones discordantes en el mundo de la experiencia.

La luz del interior de la Llama Divina de uno mismo es el criterio —la norma de perfección, por medio de la cual se debería examinar todos los pensamientos y sentimientos que nos llegan a través de los cinco sentidos. Nadie puede mantener sus pensamientos y sentimientos calificados con la perfección a menos que se dirija a la fuente de perfección, ya que esa cualidad y actividad sólo se encuentran dentro de la Llama Divina.

Esta es la necesidad del individuo de meditar y comunicarse con la luz de Dios dentro de sí mismo.

La esencia de vida pura no sólo dará y mantendrá la juventud y belleza eterna en el cuerpo, sino que te permitirán mantener el *equilibrio perfecto* entre tu "YO" Divino y el "YO" personal o externo; en efecto, esta energía de vida pura es el poder que el "YO" externo usa para mantener su conexión con su fuente divina el "YO" Divino. En realidad, estos dos son Uno, excepto cuando el intelecto o la actividad externa de la mente —la consciencia sensual— acepta la imperfección, la inarmonía, lo defectuoso, o se cree una creación separada de la Omnipenetrante "Presencia" de Vida Una. Si la consciencia sensual se cree a sí misma algo separado de Dios; la perfección, entonces se le establece esa condición, ya que aquello que la consciencia sensual piensa dentro de su mundo, es lo que el mundo le restituye.

Cuando uno permite que una idea de imperfección o separación de Dios ocupe su atención, y por lo tanto su mente, comienza a expresarse dentro de su cuerpo y mundo una condición correspondiente a aquello. Esto hace que la persona se sienta una entidad aparte de su fuente. En el momento en que se cree separado de Dios, cree que su vida, inteligencia y poder tiene comienzo y fin.

La vida siempre ha existido, existe ahora y siempre existirá. Nadie puede realmente destruir la vida. Por medio de diversas actividades en el mundo mental y físico, puede ser desintegrada o demolida temporalmente la forma pero la consciencia del individuo es eterna; y puede controlar a toda la substancia que se manifiesta por todas partes cuando la vida divina interna es reconocida como el "conocedor", dador y hacedor de todo lo bueno en la creación.

Os digo la verdad cuando digo que hay sólo una fuente de todo lo bueno —Dios. Es necesario el distinguir conscientemente y aceptar esta verdad, reconocida por la actividad externa de la mente; no dos o tres veces al día sino a cada rato durante todo el día, no importa lo que esté haciendo el "YO" externo. Este reconocimiento sostenido permitirá a cualquiera expresar su perfecta libertad y dominio sobre todas las cosas humanas.

Saint Germain

Instrucciones Complementarias Concernientes a la Armonía en el Cuerpo Atómico

Si te decides a enderezar tu columna vertebral y mantenerte muy derecho, no tendrás muchas dificultades con el mundo exterior. Si te mantienes en mala postura (abatido, inclinado) es como si abrieses la puerta a cosas indeseables. Deberías entrenarte en hacer entrar el plexo solar (estómago). ¡Los Maestros Ascendidos son derechos como la I. Conocen la Ley! Si la carne superflua te entorpece es suficiente caminar y hacer entrar el diafragma y esta carne superflua desaparecerá. ¡Pon esto en práctica! ¡Ensáyalo!

El 75 % de la carne superflua es simplemente gas en las células del cuerpo.

Ello es absolutamente cierto y tenemos con frecuencia la prueba. En ciertos casos se producen por una alimentación inadecuada, o por la discordia, la ansiedad, el miedo. Prueba con este simple medio que te permitirá poner tu cuerpo, tu estructura atómica en Orden Divino y la harás obediente a la presencia. Bien-amados, si queréis ser libres, necesario es hacer estas cosas con determinación y con gozoso sentimiento de libertad y de victoria.

Ved cómo es imposible cumplir lo que sea con un sentimiento de depresión. Enderezando la espina dorsal, haciendo entrar el diafragma y guardando la atención en vuestra presencia, podéis realizar maravillas.

Los nervios delicados de vuestras columnas vertebrales sufren una presión constante cuando os desplomáis; enderezaos y la fatiga y el agotamiento pronto quedarán disipados. Mantened vuestros cuerpos de una manera digna de la presencia divina, a fin de permitir que las corrientes de energía circulen libremente.

La circulación nerviosa se efectúa por los nervios como la sangre circula por las venas y las arterias. Saint Germain os incita a que os tengáis bien derechos. Ello es fácil y simple de hacer.

El plexo solar es un centro nervioso a nivel del estómago. Detrás del bazo en un centro glandular. Son los dos lugares por donde vuestros cuerpos hacen contacto con el exterior. Toda la discordia exterior hace sentir su acción en el plexo solar. Todo vampirismo obra por el bazo.

¡La discordia no os llega por encima del corazón! Penetra ella por más abajo del corazón. Persistid en el empleo de la Llama Violeta Consumidora y elevaréis todo a la región del corazón. ¡Siempre ha sido designada esta región como el altar del Fuego Sagrado! Si una influencia discordante deja sentir su acción en la región del corazón es tratada instantáneamente por el Cuerpo Causal o la presencia.

Puede ser cosa de un par de semanas el aprender a andar correctamente. En cuanto se haya tomado el buen hábito, ya no os sentiréis cómodos cuando estéis en mala postura. Obligad a vuestros cuerpos a que os obedezcan. Debéis tomar el mando de vuestras almas, de vuestros cuerpos y de vuestro intelecto.

El alma no es sino un vehículo que vosotros, llamas individualizadas, debéis controlar. Vuestra presencia es la que controla; vuestra consciencia intelectual no es sino un vehículo de contacto, a través del cual operan los sentidos.

Para la acumulación de gas en el cuerpo, emplead la Llama Violeta como si vuestra presencia proyectara un rayo sobre el cuerpo. Cada uno de vosotros puede hacer desaparecer el gas de esta manera.

Emplead vuestras manos como se explica en el discurso YO SOY XX (ver nota complementaria) y arrojad la sustancia a la Llama Violeta, con la punta de los dedos, como si os arrancaríais un vestido y lo tiraríais. Quedaréis sorprendidos del sentimiento de soltura y desembarazo que un minuto se difundirá en vuestros cuerpos.

Emplead la Llama Violeta y llegaréis a ser maestros de vuestros cuerpos.

Bien-Amado Godfré

NOTA:

Extracto del Discurso XX de *Saint Germain.*

A los que deseáis tener más simetría en vuestras formas Yo os digo: Comenzando por los hombres, pasad las manos por el cuerpo hasta los pies sintiendo la perfección o la simetría que deseáis en la forma. A través de vuestras manos pasará la energía y la cualidad de lo que deseáis manifestar. Si queréis probar esto con un sentimiento sincero, serio y profundo, quedaréis sorprendidos de los resultados. Os aseguro que la carne, al tiempo que manifiesta más perfección y simetría, será más liviana y más firme, porque enviáis la energía de la Presencia YO SOY a las células, forzándolas a obedecer vuestro mandato. Puede parecer esto ridículo para algunos, pero Yo os digo que es uno de los medios mejores, más seguros y más perfectos para perfeccionar el cuerpo. Los que quieran practicarlo harán que el cuerpo manifieste lo que desean. Quiero que los estudiantes comprendan bien que son maestros o dueños de sus formas, de su alma y de su mundo y que puede en ellos inyectar lo que deseen.

Extracto del Discurso VI

Saint Germain

Poco importa lo que se manifieste en el cuerpo físico o en el exterior. El estudiante debe adoptar la firme actitud de que este cuerpo es el "Templo del Muy Alto Dios Viviente". Es esta una verdad que no deberá contradecirse y esta actitud mantenida conscientemente, llevará muy rápidamente el cuerpo a la actividad perfecta a que estaba predestinado.

Con toda sinceridad, Yo digo a los estudiantes que la única manera de obtener una cualidad o un atributo deseado es declararse ya provisto de estos. La consciencia intelectual (sensible, exterior) ha llegado a encerrarse en los límites actuales al declarar sin cesar que no posee la cualidad deseada y, naturalmente en tales condiciones, imposible le era manifestarla.

Piensa el estudiante con frecuencia: "Me he concentrado mucho tiempo sobre esta u otra manifestación, pero nada ha sucedido; esto no da resultado". Esta es la prueba innegable de que había dudas en la consciencia, tal vez enteramente sin que el individuo lo advirtiera.

Os digo que, si a despecho de las apariencias superficiales, persistís con firme determinación en reconoceros provistos de la cualidad, condición o cosas que deseáis; si hacia todo y contra todo tenéis vuestras afirmaciones, la manifestación vendrá tan seguro como que hacéis la concentración. Os pongo en guardia sin embargo, contra un hábito mental que consiste en decir: "No merece la pena continuar: si esto hubiera de manifestarse, ahora, ya hubiera llegado", si después de haber probado varias horas o dias o meses la realización de vuestro decreto aún no se ha manifestado.

El fracaso es absolutamente imposible cuando habéis puesto a la Poderosa Presencia YO SOY —Dios en vosotros— en acción con la finalidad de que algo se cumpla, a condición de mantener sin vacilaciones vuestra voluntad.

He visto con mucha frecuencia cómo algunos estudiantes se aproximaban a una maravillosa realización, a una victoria y a una libertad admirables y después dejan entrar en juego esta actitud mental de "esto no llega" y que acaparase su atención por lo que la realización de sus deseos se retrasaba en gran manera o incluso se aplazaba indefinidamente.

El estudiante debe forzarse en mantener constantemente ante sus ojos esta verdad: "Cuando el poder y la Presencia YO SOY se ponen en movimiento, el fracaso en la realización es tan imposible como que el movimiento universal se detenga. Un fracaso de esta Poderosa Presencia YO SOY equivaldría a arrojar el Universo en el caos. Tal es la certeza y el poder en cada mandato del YO SOY.

Esta presencia es infalible y solamente la actitud vacilante de la mente exterior es la que obstruye el camino de la manifestación.

Cada estudiante debe velar con el mayor cuidado para jamás emplear YO SOY en expresiones negativas. Cuando decís: "Yo estoy (YO SOY) enfermo; Yo no lo he conseguido; Yo no he hecho esto como debiera, etc. . .", ponéis en acción esta todopoderosa energía para destruir lo que queréis realizar. Sucede esto cada vez que empleáis: "Yo, yo soy, o yo tengo, o mí", porque este pronombre (la cópula y el auxiliar) ponen en movimiento el poder universal.

Sabiendo que —YO SOY— es vosotros, al decir: "Yo tengo dolor de cabeza, dolor de estómago, etc. . .", dirigís la energía hacia las partes designadas con la orden de allí producir lo que habéis dicho. Cuando decís, "mí", es la misma energía la que obra, porque sólo hay una persona que pueda decir "Yo" o "Mí" en lo que a vosotros se refiere. Cualquier expresión que no pueda ser empleada sino por vosotros mismos contiene la energía y la acción de la Presencia YO SOY.

Si es defectuoso el funcionamiento de cualquier órgano, la actitud correcta a tomar y mantener es: YO SOY la única y perfecta energía obrando ahí y toda apariencia de alteración se corrige instantáneamente.

Este es uno de los más importantes puntos que deben mantenerse en la atención de los estudiantes.

Si tenéis el hábito de pensar que ciertos remedios ayudan, no los empleéis sino moderadamente hasta el día en que tengáis bastante maestría para gobernar todo exclusivamente por vuestra Presencia YO SOY. Os aseguro que si pensáis que ciertos remedios os han ayudado, sólo esta única Presencia YO SOY es la que los ha calificado en este sentido. He observado el mundo físico durante muchos siglos y cuando una así llamada autoridad en este dominio declara que un cierto remedio ya no es necesario o no tiene eficacia, no hace falta mucho tiempo para que desaparezca completamente su uso. El intelecto de todos los individuos piensa que ciertas hierbas o remedios tienen una acción química natural debida al elemento correspondiente en el cuerpo. Pero Yo os pregunto: ¿Quién da o crea la afinidad química? Respuesta: El poder de vuestra Presencia YO SOY que os hace capaces de pensar. De esta manera cuando hayáis recorrido el círculo de toda actividad, llegaréis a la conclusión de que no hay sino una inteligencia y presencia en acción, o sea, el YO SOY —Dios de vosotros. Entonces, ¿por qué no mirar esta verdad frente a frente? Tomad irrevocablemente posición con la Presencia YO SOY, Dios-en-acción en vosotros y reconoced que es la única vida en vosotros y en todas las cosas o remedios, a los cuales sólo vosotros podéis dar poder.

Reconozco que no es fácil para los estudiantes abandonar los hábitos ancestrales de creer en la eficacia de los remedios, pero un poco de reflexión y de meditación sobre las verdades que acabo de exponer, llevarán a que la razón abandone la confianza en estas cosas externas y a confiarse en adelante enteramente a la gran Presencia YO SOY.

Imposible es comunicar una convicción concerniente a este punto de importancia vital. Sólo aplicando el conocimiento y la sabiduría adquiridos con determinación es como el estudiante se proporcionará a sí mismo la prueba de la irrefutable verdad de estas simples cosas.

Nadie puede decir hasta qué grado un estudiante será capaz de practicar lo que precede sólo él al ensayarlo podrá determinarlo. Pero, con mucha frecuencia, es tal la energía acumulada interiormente que el estudiante queda sorprendido por la amplitud de los resultados alcanzados cuando comienza a practicar.

La energía se convierte en poder por el empleo consciente.

Directiva Práctica

Dirigidos por los maestros, los seres de los elementos cargan ciertos frutos con sustancias especiales, cuya absorción ayuda a la transmutación del cuerpo, por purificación. Estos frutos cargados son: las naranjas, los melocotones, las manzanas y los tomates.

Joyas de Luz — Gran Director Divino

Incito vivamente a cada uno de vosotros para que vigiléis vuestros sentimientos humanos. Es perfectamente justo y maravilloso ser bueno y amante hacía todos los que encontréis, pero guardaros de todo afecto demasiado particular porque es necesario guardar la gran calma y el sereno equilibrio en vuestros cuerpos emocionales, a fin de excluir las vibraciones destructivas.

Mis Bien-Amados: Debéis saber que los vestidos que lleváis son sustancia y que se impregnan con las vibraciones de vuestros sentimientos y de vuestros pensamientos.

De la misma manera, un día descubriréis que podéis dar inmediatamente no importa qué forma deseada a la sustancia de vuestra estructura atómica.

¡Qué grande es la pertinaz ignorancia de la mente humana! Actualmente, tenéis en vosotros mismos lo que puede llegar a ser gran poder para el bien. Sin embargo, ello no puede ser sino por el control consciente y constante de vosotros mismos y rehusando enérgicamente a vuestra mente humana el tener ni siquiera una opinión concerniente a lo que quiera que sea, es como podréis liberaros. ¡Aquí está el secreto de la mayor victoria!

No es por medio de palabras como puedo haceros sentir la importancia capital del control de sí mismo; lo que debó hacer es penetrar en vosotros, es mi sentimiento propio de esta importancia. Es indispensable equilibrar los poderes acrecentados que pedís a vuestra presencia por un control más riguroso de vosotros mismos, faltando el cual os podríais encontrar de improviso acorralados por las dificultades.

Ahí tenéis la razón por la que hemos insistido y continuamos insistiendo tanto en la necesidad de control de sí mismo. Es inútil y peligroso tener incluso una opinión sobre los demás o sobre las circunstancias discordantes externas. Suficiente es examinar a los seres y las situaciones muy brevemente a fin de ver cómo es necesario tratarlos. No es el pensamiento fugitivo el que crea los daños, es el hecho de rumiar indefinidamente las circunstancias discordantes lo que os abre al ataque de las fuerzas siniestras, que no son sino creación humana.

Si es necesario que discutáis un conjunto de circunstancias, determinad previamente que ningún sentimiento se registrará en vuestro cuerpo emocional.

Desde el momento en que habéis tomado la determinación de entrar al servicio de la luz, todas las ataduras humanas han quedado efectivamente cortadas.

Cuando lo humano está controlado es posible vivir en sociedad en una felicidad real y tranquila pero en tanto que esto no se cumpla, las relaciones continúan siendo difíciles. De todas maneras, no hay ley divina alguna que condene a quien quiera que sea a vivir en la discordia y la angustia. ¡Tomad vuestra libertad y sed felices!

Descripción y Empleo de la Carta o Gráfica
¿Qué es la Carta?

La carta de la Poderosa Presencia YO SOY (I AM) es un foco de radiación de la perfección de vuestra propia vida y de la de los Maestros Ascendidos. Todos los que la contemplan cada día varias veces siempre han obtenido bendiciones extraordinarias.

Cuando estáis en contacto con una forma, estáis en contacto con la presencia que la ha concebido o con el concepto representado: es una ley de la vida. Las imágenes son un foco de sustancia-luz. Irradian y, por contemplación, absorbemos siempre e instantáneamente la vibración que de ellas emana. La reflexión os hará comprender la importancia de la carta, que es la representación exacta de vuestra divinidad y un foco de radiación del más grande poder de perfección interior en el mundo exterior de sustancia, de forma y de acción.

Descripción de la Carta

La carta de la Presencia Mágica, la Poderosa Presencia YO SOY (I AM) es un dibujo esquemático que permite a todos representarse exactamente en qué posición se encuentra el cuerpo de carne y el alma, o los vehículos sutiles del Yo Exterior, con relación al Yo Divino.

La montaña figurada a la izquierda es el Monte Rose, uno de los centros de la Fraternidad Blanca; a la derecha se encuentra el Royal Titon, en el Wyoming, entre los Estados Unidos y el Canadá; es uno de los más importantes centros para todo el planeta, donde los maestros y sus discípulos avanzados se reúnen dos veces por año y rinden un servicio de luz y de amor para toda la humanidad.

El Cuerpo de Energías o Cuerpo Causal

(Conjunto de Círculos Concéntricos de Colores de Radiación)

* **Poderosa Presencia**

* **La Fuente Misma**

* **La Chispa Divina Individualizada**

La figura superior es nuestro Cuerpo Electrónico, el cuerpo de gloria del hombre, a imagen y semejanza de Dios: es la forma perfecta en que se manifiesta la idea divina individualizada, que es la realidad de nuestro ser, nuestro Yo Divino individualizado. Es la imagen del Cristo Cósmico individualizado en cada ser humano: es el Hombre-Dios en su cuerpo de luz electrónica, manifestando la actividad de Dios por radiación mediante la acción del verbo creador "YO SOY" (I

AM). Es nuestra Poderosa Presencia YO SOY (I AM), el Cristo individual: Dios en acción en nosotros, nuestra perfección eterna e inmutable.

Las Esferas

Lo que existe vibra en un movimiento ondulatorio que llamamos LUZ. Esta vibración se manifiesta en siete rayos que en sus más elevadas expresiones son el Fuego Sagrado, el aura del Altísimo.

Los círculos del Cuerpo Causal son esferas que rodean a la "PRESENCIA YO SOY", de la misma manera que el aura rodea a los cuerpos inferiores, Estas capas electrónicas que forman el Cuerpo Causal representan vibraciones de distinta longitud, en color, en ser: lo que llamamos Siete Esferas.

Cada Presencia "YO SOY", tiene desarrolladas unas esferas más que otras; Ella vive en esas esferas dando la característica o rayo al cual se dice "Pertenece".

Así como en la 3ª Dimensión te mueves y relacionas con otras auras (por el principio de correspondencia: Como es arriba es abajo, como es abajo es arriba), esta Presencia "YO SOY", no está sometida a ninguna esfera y puede visitar a cualquiera otra que desee.

El individuo no-ascendido vibra favorablemente con un determinado color, lo que está indicándole a cuál pertenece y con el que sincroniza. Si observa sus hábitos, que son amplificadores de sus actos, verá que marcan una tendencia hacia una determinada vibración, un color que siempre está presente en su sentir.

En este plano es importante ubicarse en lo esencial la Amada Presencia "YO SOY" y desvanecer aquello que implique curiosidad y toda aquella accidentalidad que conlleva un retroceso en nuestra evolución.

La "Presencia" os da la consciencia, la acción. Sólo ella establece el equilibrio esencial. De este depósito de sustancia electrónica el Cuerpo Mental Superior extrae la sustancia necesaria para complementar rápidamente, en una forma visible y tangible, la respuesta a las llamadas hechas a nuestra Poderosa Presencia YO SOY (I AM).

(Ver, en páginas siguientes, el Cuadro Sinóptico)

Las 7 Esferas y sus equivalencias

A	B
Esferas del cuerpo casual del hombre (empezando en el centro)	**Atributos divinos correspondientes: Tesoros en el cielo acumulados en las 7 esferas.**
Esfera I Pureza de Dios. (Blanco)	1) Pureza, perfección. 2) Autodisciplina, moralidad. 3) Vida, esperanza, espirales positivas. 4) Alegría, felicidad espiritual. 5) Totalidad, todo en uno. 6) Simetría, geometría. 7) Ley, orden, conmesuramiento, como es arriba es abajo. 8) Arquitectura divina, patrón de vida.
Esfera II La Sabiduría y la Inteligencia de Dios. (Amarillo)	1) Iluminación crística. 2) Conocimiento del ser Dios, humildad. 3) Logos divino, razón divina. 4) Sabiduría (dominio sabio) entendimiento, Consciencia Cósmica. 5) Discerniumiento entre el bien absoluto y el relativo bien y mal conocimiento correcto. 6) Inteligencia, ingeniosidad, mentalidad abierta. 7) Perspicacia, perspicuidad.
Esfera III Amor de Dios. (Rosa)	1) Amor divino, sin egoísmo. 2) Belleza, control, gracia. 3) Armonía. 4) Creatividad, magnetismo espiritual, deseo divino. 5) Compasión. 6) Unidad, adhesión, cohesión. 7) Comunión con la vida, bautismo del Espíritu Santo.
Esfera IV Libertad de Dios. (Violeta)	1) Libertad, justicia, tolerancia, misericordia, perdón. 2) Libertad, ritual de la vida. 3) Invocación del Fuego Sagrado, acción de la luz, flujo. 4) Diplomacia, tacto, equilibrio. 5) Ciencia de alquimia, transmutación, ley de trascendencia, revelación progresiva, profecía.

C	D	E	F
Cualidades divinas amplificadas a través de la invocación de la llama.	Virtudes.	Lo que desarrolla.	Características operativas.
Pureza, totalidad, deseo de conocer a Dios a través de la pureza del cuerpo, mente y alma a través de la consciencia de la Madre Divina.	Ascensión. Pureza. Resurrección.	Las artes. (música)	Es ascensional. Actúa sobre lo oprimido, deprimido, abatido. Sobre todo lo que requiere ser elevado.
Ominisciencia, entendimiento, iluminación, deseo de Luz. Información. Ayuda intelectual. Sabiduría. Paz de conocer a Dios a través de la mente del hijo.	Inteligencia. Iluminación. Sabiduría.	Sabiduría. Fuerza. mental. Intuición.	En la paz. (Rayo amarillo) En la luz. En la información. En la ayuda intelectual. En la iluminación. En la sabiduría.
Omnipresencia, compasión, caridad, deseo de ser Dios en acción a través del amor del Espíritu Santo	Amor puro. Belleza. Opulencia. Cohesión.	Amor divino. Tolerancia. Adoración.	Magnéticas. (Esto es: une) Armoniza.
Libertad, ritual, transmutación, trascendencia, deseo de hacer todas las cosas nuevas a través de la aplicación de las leyes.	Compasión. Transmutación. Misericordia. Liberación. Perdón.	Cultura. Refinamiento. Diplomacia. Prudencia.	Necesario para ascender a los planos de luz. A los niños antes de nacer. (Para que nazcan sin karma) Transmutación del karma, Perdón y misericordia.

Las 7 Esferas y sus equivalencias

A	B
Esferas del cuerpo casual del hombre (empezando en el centro)	**Atributos divinos correspondientes: Tesoros en el cielo acumulados en las 7 esferas.**
Esfera V Paz de Dios. (Púrpura y Oro)	1) Paz. 2) Ministración y servicio. 3) Hermandad y vida familiar fundada en Cristo. 4) Balance del Cristo en el individuo y la sociedad. 5) Sin deseo, innocuidad.

Esfera VI Ciencia de Dios. (Verde)	1) Verdad, abundancia, suministro.
	 2) Ciencia, método científico.
	 3) Vida.
	 4) Salud, curación, totalidad, rejuvenección, regeneración.
	 5) Precipitación directa e indirecta del espíritu a la materia, sublimación de la materia al espíritu, pruebas tangibles del espíritu, cuadratura del círculo.
	 6) Gratitud.
	     Constancia.
	     Consagración.
	     Generosidad.
	     Mentalidad abierta.
	     Flujo libre del electrón.
	 7) Música, matemáticas, leyes y principios de armonía cósmica.

Esfera VII Voluntad de Dios. (Azul)	1) Perfección. 2) Voluntad divina. 3) Protección, construcción, dirección. 4) Fe. 5) Obediencia, amor a Dios y sus leyes.

C	D	E	F
Cualidades divinas amplificadas a través de la invocación de la llama.	**Virtudes.**	**Lo que desarrolla.**	**Características operativas.**
Ministración del Cristo, deseo de estar en servicio de Dios y del hombre a través de la maestría del Cristo.	Paz. Gracia. Providencia. (Suministro)	Culto. Devolucional. Serenidad. Paciencia.	De la paz. De la quietud. De la providencia.
Verdad, curación, constancia, deseo de precipitar la abundancia de Dios a través del concepto inmaculado de la Virgen Santa.	Verdad. Curación. Consagración. Concentración.	Ciencias. (Entre ellas la música)	• Sobre toda enfermedad. • Cubre con el manto de la verdad todo lo que se representa como errado, toda sospecha de falcedad. • A toda cosa oculta que desees revelar.
Omnipotencia, perfección, fe, deseo de hacer la voluntad de Dios a.	Voluntad. Fe. Paz. Felicidad. Equilibrio.	Poder. Iniciativa. Fuerza. Protección.	• Sobre toda decisión.

El Rayo de Luz

Los rayos de luz electrónica pura brotan continuamente de la cabeza de nuestra Poderosa Presencia YO SOY (I AM), representando su medio de acción, de creación perfecta en los planos cósmicos.

* Es la Vida.

* Es la Luz.

* Es la Sustancia.

* Es la Energía.

* Es la Inteligencia.

* Es la Actividad.

Por Él tú tienes tu cuerpo físico: Vida y puedes moverte.

La atención a la presencia hace aumentar la radiación y la energía intensificándolo y expandiéndolo.

Así se inicia el proceso de aceleración electrónica y a su vez identifica las cualidades densas y negativas.

Uno de los 12 Grandes Rayos, el que atraviesa el corazón de nuestra Presencia YO SOY (I AM), foco del puro amor divino individualizado, proyecta de sí mismo la escencia de vida, la energía electrónica pura que da a nuestra forma física el poder de pensar, de sentir y de obrar.

Sobre este rayo, inmediatamente por debajo de nuestro Cuerpo Electrónico, se encuentra el Cuerpo Mental Superior, cuyo corazón se halla también protegido por la esfera de sustancia electrónica de color azul, que forma la esfera de protección alrededor del Cuerpo Causal y del Cuerpo Electrónico. El Cuerpo Mental Superior no está representado en el grabado. Es el cuerpo del puro mental crístico, el cuerpo de nuestra inteligencia selectiva, discriminativa. En este estado de consciencia, conocemos lo que es perfección o imperfección, lo que es espiritual y divino o humano e imperfecto. El Cuerpo Mental Superior es un Cuerpo de Fuego Blanco en el que no puede registrarse la imperfección. Él selecciona todas las aspiraciones y demandas que vienen del Yo Exterior y no transmite el Cuerpo Electrónico o consciencia cristica sino lo que es puro y perfecto y conforme con el cumplimiento del Plan Divino de nuestra vida individual y de la vida de nuestro planeta. Se le llama a veces Ángel Guardián —es nosotros mismos como consecuencia juzgándonos a cada instante y en cada acción particular. Este cuerpo está en una tasa vibratoria muy inferior a la tasa dc vibración del Cuerpo Electrónico, pero superior al cuerpo atómico: es un intermediario y como un transformador entre la energía electrónica y la energía física o atómica.

LA FIGURA INTERMEDIA ES:

El Cristo.

El Cuerpo transmisor.

El Angel de la Presencia.

El Ego Superior.

El Cuerpo Mental Superior.

El Angel Cristico.

Inteligencia Selectiva.

Inteligencia Discernidora.

Vemos la figura del Xto Jesús simbolizando el Xto individual de cada uno, el mediador entre Dios y el hombre.

La Poderosa Presencia YO SOY (I AM) proyecta de su Cuerpo Electrónico el Cuerpo Mental Superior, que es el vehículo de acción destinado al plano psíquico. Durante las edades de Oro, o estados paradisíacos, los seres viven en la Tierra en este cuerpo de Fuego Blanco. Durante el período de reposo entre dos vidas en la carne, el Cuerpo Mental Superior entra en el Cuerpo Causal.

Normalmente, al fin de la adolescencia es cuando el ser humano siente descender sobre él el peso de todo o parte de la acumulación destructiva del pasado. Debe entonces, por el empleo de la Llama Violeta consumidora, elevar la tasa vibratoria de toda esta energía descalificada y, al mismo tiempo, regular su existencia de manera que no se emplee ya más la energía de su propia vida sino para el cumplimiento del Plan Divino. Si el Yo Externo llama con humildad a la Ley del Perdón por el empleo consciente de la Llama Violeta

Consumidora, puede transmutarse rápidamente una cantidad suficiente de la energía descalificada, permitiendo guardar la armonía de los sentimientos. El Cuerpo Mental Superior desciende a la forma física, dando las directivas de la mente superior de manera clara y precisa; toda la actividad se hace constructiva, dispensando un sentimiento de dominio sobre las circunstancias exteriores, dando la alegría de la salud, de la belleza, del éxito y de la prosperidad.

¿Cómo Actúa la Sustancia-Luz Electrónica en el Cuerpo Físico?

Vuestra Poderosa Presencia YO SOY (I AM), en su forma tangible de Sustancia-Luz Electrónica, se encuentra aproximadamente a 5 metros por encima de vuestro cuerpo físico en los seres inarmónicos o poco evolucionados esta presencia está más alejada y puede incluso retirarse hasta 15 o 16 metros. Por el rayo que parte del corazón de la presencia, pasando por alto de la cabeza y anclándose en el corazón de la carne, recibe éste la energía-luz, la escencia de vida, que le hace latir y permite al cuerpo físico tener la inteligencia necesaria para su actividad.

Tan pronto como este rayo se retira, la forma física queda inerte y las facultades y el conjunto de los sentidos, aún estando en perfecto estado, no funcionan más. Porque la fuente de nuestra vida no está en la forma física, sino en la Poderosa Presencia YO SOY (I AM). Jamás digas que toda tu divinidad está en tu corazón, porque sería entonces un ser físico manifestando la perfección, la inteligencia, el amor y la belleza. En realidad, un sólo rayo de tu Presencia Divina desciende al corazón físico, prestando así su vida a la forma del Yo Externo cuyos elementos constitutivos le pertenecen.

Sólo la cabeza y el corazón de la estructura física están representados con Luz Blanca, nimbada de sustancia oro y rosa del Amor Divino, sugiriendo así que la corriente de pura escencia de vida divina no debe descender por debajo del centro del corazón (diafragma) sino remontar hacia el centro creador del cerebro. El resto del cuerpo de carne está sumido en una Llama Violeta, que sube desde los pies, atraviesa el cuerpo de deseos, el cuerpo mental inferior y se eleva bien alto por encima de la cabeza hasta su encuentro con el círculo electrónico azul que rodea el cuerpo de gloria y el corazón del Cuerpo Mental Superior. Alrededor de este pilar de Llama Violeta se encuentra un tubo de luz blanca electrónica, descendiendo de las manos de la presencia crística, cerrándose bajo los pies del cuerpo físico y de un espesor de 30 centímetros.

Este tubo constituye una protección impenetrable a toda imperfección de pensamiento, de sentimiento o de acción, porque tiene su luz blanca la más elevada tasa vibratoria en manifestación y no puede penetrarle cualquier imperfección que represente una tasa vibratoria inferior.

Debemos pedir a nuestra Poderosa Presencia YO SOY (I AM) que nos envuelva en este tubo de luz electrónica, con el fin de aislarnos de la discordia y de la destrucción del mundo exterior de creación humana.

La Llama Violeta que llena el interior del pilar en el tubo es la representación sensible de la actividad del amor divino en su misericordia —es la gracia—, es el perdón.

La Luz Electrónica en la tasa de vibración que llamamos violeta tiene por efecto alzar la tasa vibratoria de toda sustancia que atraviese, eliminando así lo que es impuro o de vibración lenta, consumiéndolo instantáneamente y permitiendo así a la energía liberada volver al depósito de sustancia y de energía-luz Universal.

En y alrededor de nuestro cuerpo físico se encuentra toda la acumulación de sustancia descalificada que hemos generado en ésta y anteriores vidas. Nuestra alma es la que debe ser salvada. Todos estamos obligados por la Ley Cósmica a purificar la energía empleada en las creaciones imperfectas presentes y pasadas. Por ello, debemos llamar a nuestra Poderosa Presencia YO SOY (I AM) en acción para que cargue o active la Llama Violeta en nuestra acumulación discordante, liberando esta energía por su acción purificadora y liberándonos así de las limitaciones de que estamos rodeados por nuestros pensamientos, nuestras palabras, nuestros sentimientos y nuestras acciones imperfectas, que constituyen otro tanto de energía descalificada vibrando en nosotros y alrededor de nosotros.

Las imperfecciones que los seres humanos manifiestan son debidas a su ignorancia o a su mala voluntad. La discordia de los pensamientos, de los sentimientos y de las acciones humanas jamás penetra en los electrones que son el núcleo del átomo, pero forman un revestimiento que vela la luz de nuestra estructura electrónica, constituyendo la densidad y la opacidad de la carne.

Cuando la atención comienza a dirigirse firmemente hacia la Poderosa Presencia YO SOY (I AM), el Rayo de Energía-Luz que viene del corazón de la presencia se intensifica, la circulación de luz en el cuerpo es más activa y los electrones responden a la radiación acrecentada. Desde este momento, el proceso de la Ascención ha comenzado.

Se impone el empleo de la Llama Violeta consumidora. Ella es la manifestación del invencible amor misericordioso, del poder purificador del amor sagrado, del Fuego Sagrado destinado a la Tierra, la gracia acordada por la autoridad del Gran Sol Central, que permite purificar la Tierra y la humanidad armoniosamente y de una manera permanente.

Cada vida es una ocasión de reintegrar a su pureza original la energía divina que hemos descalificado por nuestros errores pasados y presentes. Llamando dinámicamente a nuestra Poderosa Presencia YO SOY (I AM) en acción, pidiéndole que pase la Llama Violeta consumidora por esta acumulación discordante, podemos elevar la tasa vibratoria de esta energía, transmutando y esterilizando toda creación humana imperfecta, liberándonos así de la rueda de los renacimientos de la carne.

Por un efecto de la misericordia divina estamos dispensados de mirar todos los errores de centenares o millares de nuestras vidas pasadas. Jesús dijo que muchos seres perderían la razón si tuvieran que mirar ciertas fases de su pasado.

Ningún ser humano debe cesar de emplear diariamente la Llama Violeta Consumidores durante 30 minutos al niños, hasta el momento de la Ascención. Todos han tenido pensamientos negativos, sentimientos discordantes; todos han pronunciado palabras destructivas representando otra tanta energía descalificada que vibra en nosotros y alrededor nuestro.

Todos los seres que han cumplido la Ascención, Jesús y Saint Germain comprendidos, tuvieron que disolver por el empleo consciente de la Llama Violeta Consumidora su propia creación, antes que la sustancia de su cuerpo de carne pudiese vibrar a una tasa que les permitiera realizar la Ascensión.

Durante el período transitorio de la purificación, es indispensable hacer llamadas a la Poderosa Presencia YO SOY (I AM), a fin de que nos envuelva con el tubo de luz electrónica, aislándonos del medio exterior: de su destrucción, de sus sugestiones hipnóticas, de sus vibraciones de todos los órdenes que vienen de la mente y de los sentimientos interiores de toda la humanidad. Este aislamiento no solamente nos protege, sino que aumenta nuestra receptividad con respecto a las directivas de nuestro Cuerpo Mental Superior. Evitamos así añadir energía descalificada a la acumulación existente.

Fue nuestro Bien-Amado Maestro Jesucristo el que dio el ejemplo público de la Ascensión, pero millares de seres han ganado semejante victoria y han cumplido en privado la gran obra de transmutación o transustanciación de lo humano en lo divino. Por encima de la colina de Bethania en Palestina, fue donde Jesús creó el registro etérico de la ascensión, infundiéndole su Amor Divino, calificándolo como un imán que obrará sobre la atención de toda la humanidad hasta el cumplimiento de la ascención de todos y de la Tierra misma.

El Cuerpo Receptor
FORMA HUMANA

Es el alma humana evolucionando en la materia (los cuatro cuerpos inferiores: el etérico, el mental, el emocional y el físico).

La figura inferior de la carta representa la estructura atómica, el cuerpo de carne. El rayo de energía electrónica, o pura escencia de Vida Divina, que viene del corazón de nuestra Presencia YO SOY (I AM) y, pasando por el corazón del Cuerpo Mental Superior, penetra por lo alto de la cabeza, a través del cerebro y de la garganta, para arraigar en el corazón físico. Forma aquí una triple llama, rosa a la izquierda, oro en el centro y azul a la derecha: es la llama espontánea individualizada, Dios en acción en nosotros en el plano físico por el amor, la sabiduría y el poder en perfecto equilibrio.

Conclusiones

Los seres que reciben comunicación de la carta de la presencia mágica y de la explicación presente deben considerar que es posible para ellos realizar su ascensión con el presente cuerpo.

El primer paso consiste en el empleo intensivo de la Llama Violeta Consumidora. Una gran paz y armonía vendrán al ser, permitiendo recibir las directivas divinas para una vida constructiva. Contemplando frecuentemente la carta de la Poderosa Presencia YO SOY (I AM), su radiación de perfección se fotografía en las células de nuestra estructura física y se difunde sobre nuestro ambiente y nuestros asuntos. Muy pronto sabremos por experiencia personal que nuestra Presencia YO SOY (I AM) es un ser real, tangible, que nos inunda con su puro amor, nos guía con sabiduría, nos protege con todo poder.

Nuestra atención irá cada día más fácilmente hacia el corazón de nuestra Bien-Amada Presencia YO SOY (I AM) y su perfección se manifestará naturalmente en nuestra vida. Nuestras inquietudes y nuestros problemas se disiparán, porque son parásitos que viven de nuestra propia energía vital, deslizándose en aquellos por nuestra atención. El tubo de luz se hará cada día más impenetrable, manteniéndonos invisibles e invulnerables a todo lo que no venga de nuestra Presencia YO SOY (I AM). El estudio de los textos de instrucciones recibidos de los Maestros Ascendidos será nuestro descanso y nuestro único alimento espiritual; por el empleo de las llamadas o apelaciones técnicas, tan simples, de transmutación de la Llama Violeta consumidora y la recarga descalificada, entraremos rápidamente en una vibración tan alta que nos será posible mantener permanentemente el contacto consciente con nuestra divinidad —permitiéndole manifestar su perfección en nosotros y alrededor nuestro—. Hijos de Dios, viviremos sobre la Tierra purificada como dioses, cumpliendo su voluntad divina, manifestando su gloria y la victoria de Saint Germain y de todos los Maestros Ascendidos.

¡OH, PODEROSO YO SOY (I AM)!

Empleo de la Carta

Cada vez que se pronuncia una afirmación o un decreto YO SOY (I AM), dado por los Maestros Ascendidos, el corazón de nuestra propia Poderosa Presencia YO SOY (I AM) (El Cuerpo Electrónico) emite instantáneamente un raudal de luz. De esta manera, el rayo de luz blanca que une nuestro corazón con el corazón de la presencia recibe una expansión y se intensifica. El único medio para ganar una fuerza-viva y una presión de luz suficiente para obtener respuestas instantáneas a nuestras llamadas de perfección es recurrir constantemente a nuestra propia Presencia YO SOY (I AM) para la solución de nuestras menores dificultades y para el cumplimiento de todos nuestros deseos constructivos. Si a la llamada a nuestra presencia añadimos una llamada a un Maestro Ascendido, entonces su asistencia y su perfección que son permanentes, penetran en la mente, los sentimientos y el cuerpo por la sustancia de oro que envuelve el Rayo Blanco. El entendimiento, la luz, la sustancia y la energía de los Maestros Ascendidos se irradian constantemente hacia todos los que quieran aceptarlos y absorberlos. Es exactamente como la irradiación solar, que se absorbe por todo lo que vive sobre la Tierra.

La asistencia de los Maestros Ascendidos se da siempre a través de la luz que viene del corazón de la presencia de un individuo. Es por lo que es necesario conocer la propia Presencia YO SOY (I AM) ante todo.

El corazón del Gran Sol Central envía sus ideas individuales a la manifestación, a fin de que cada individuo en ésta lleve a cabo el ideal de perfección divina que lleva en su corazón. La Llama de Vida que hace latir al corazón de carne contiene la posibilidad de crear la perfección; es amor, inteligencia y poder. Como una semilla que contiene el tipo de árbol que debe producir tiene necesidad de la radiación del Sol para desarrollarse, así la vida de nuestro corazón tiene necesidad de la radiación de los Maestros Ascendidos, de su luz y de su amor, a través de los cuales la atracción magnética del Gran Sol Central obra para permitirnos expandir la perfección de nuestro propio ser primero y, a continuación, para hacer la ascensión.

Cuando hacemos llamadas a nuestra presencia para asistir a nuestro prójimo, un rayo de luz parte de nuestro cuerpo electrónico y vierte su luz sobre esta persona hasta que la perfección deseada se introduzca; y simultáneamente una cantidad de luz desciende hacia nuestra forma externa, produciendo en nuestra propia experiencia la misma perfección que pedimos para los demás.

Los Maestros Ascendidos dicen que aproximadamente un 65% de la perfección que pedimos para los demás se manifiesta en nosotros y alrededor nuestro.

Hay siempre, por consiguiente, una doble acción de la vida y de la luz: la de los rayos de luz que penetran por lo alto de la cabeza y expanden la perfección a partir del corazón, por lo tanto, del interior hacia el exterior; y la de la sustancia-luz que envuelve el cuerpo exteriormente, viniendo de la presencia en respuesta a la llamada hecha por los demás. Cuando damos un decreto dado por los Maestros Ascendidos para envolver a una persona o una situación en la radiación de Amor Divino y de compasión divina, un rayo de luz blanca envuelto en luz rosa parte instantáneamente de la cabeza, del corazón y de las manos del cuerpo electrónico y se dirige hacia la persona designada y vierte sin pausa la energía y la sustancia que son necesarias para cumplir el decreto.

En el caso en que la persona esté momentáneamente demasiado turbada o demasiado discordante para aceptar la curación y la perfección instantáneas, entonces la respuesta a la llamad espera en el aura el momento favorable para producir la perfección determinada, es decir, el momento en que la energía del cuerpo emocional estará en suficiente calma y armonía para dejar penetrar la bendición enviada.

Un punto capital que se necesita recordar en el empleo de los decretos dados por los Maestros Ascendidos es que cada rayo de luz que parte del cuerpo electrónico es instantáneamente envuelto y calificado por el entendimiento y el sentimiento de perfección de los maestros. De esta manera, la sustancia y la energía de la persona o de la situación se elevan y mantienen en una tasa vibratoria que la discordia o la resistencia humanas no pueden jamás modificar.

Todo lo que alcanzamos por el empleo de la instrucción de los Maestros Ascendidos es una realización permanente;

la perfección es infinita en calidad y eternamente creciente en cantidad.

Los estudiantes deben, por consiguiente, dar sus afirmaciones y decretos visualizando claramente y sintiendo profundamente la conexión con la forma electrónica. Emite ésta los rayos de luz que son envueltos por la perfección de los Maestros Ascendidos y la respuesta es instantánea.

Si se desea la abundancia divina, comprendiendo en ella el dinero, es preciso visualizar un rayo de luz oro envuelto en luz verde brillante y pedir a los Maestros Ascendidos que califiquen esta luz con su consciencia de la abundancia divina eternamente presente y siendo creciente, esta abundancia no puede emplearse sino constructivamente.

La contemplación de la figura superior de la carta, con su corona de rayos de luz, no puede dejar de producir la perfección para el que la práctica, porque esta contemplación hace penetrar la perfección en los sentimientos.

Cuando contempláis los rayos de luz que vuestra presencia vierte, preciso es recordar que son corrientes de fuerza que entran en acción para cumplir lo que habéis decretado. Compenetráos bien del hecho de que estas formidables corrientes de fuerza brotan incesantemente y pueden penetrar sin obstrucción en no importa qué persona, lugar o circunstancia. Están realmente constituídas de la sustancia y de la energía-luz cuya potencia de perfección es ilimitada.

Cuando atraigan vuestra atención las dificultades, tomad vuestra carta y mirad al rostro de vuestra presencia, después enviad un rayo de sustancia-luz, partiendo del corazón de vuestra presencia y penetrando en lo que aparece como una dificultad. Ved la luz blanca resplandeciente borrar la imagen del problema y pedid a vuestra presencia que mantenga su permanente perfección.

El Amor Divino tiene sus caminos y sus medios de ejecutar vuestras llamadas. La proyección de los rayos de luz, que parten del corazón de vuestra presencia es la vía perfecta y armoniosa para que se cumpla toda cosa que esté de acuerdo con la ley del Amor Divino.

El Gran Director Divino ha dicho: vuestra atención es vuestro poder de concentración. Vuestra sensibilidad es vuestro poder de calificación. Vuestra imaginación es vuestro poder de visualización. Cuando contemplamos la carta, hacemos empleo perfecto de este triple poder: fotografiamos en nuestras células físicas la belleza de nuestra propia divinidad; al expresarle nuestro amor y nuestra gratitud por todo el bien con el que nos ha gratificado permitimos que la energía divina irradie, sin descalificarla, en nosotros y alrededor nuestro, la perfección que le es inherente. No teniendo en nuestra mente otra imagen que la de nuestra poderosa Presencia YO SOY (I AM), nuestra visión se identifica con la visión divina y el plan divino puede entrar en manifestación. Dejando errar sin control nuestra atención, nuestros sentimientos y nuestra vista sobre el desorden y la discordia de nuestro ambiente es cómo contaminamos nuestra propia energía vital, forzándola a crear o a mantener las limitaciones que experimentamos.

En la plenitud de la luz que hace latir vuestros corazones, cada uno de vosotros es la autoridad, el poder y la gloria que la humanidad ha buscado durante siglos.

Contemplad esta carta y ved esta gran corriente de vida; de luz, de energía, de inteligencia y de poder, que sois vosotros. Está anclada en vuestro corazón físico, en la plenitud de su poder todopoderoso e infinito y glorificará a todo ser humano que fije su atención en ella.

Nada

Importante es saber que, en cada llamada a vuestra Presencia YO SOY (I AM), ignora ella todas las limitaciones de un ser no ascendido. La presencia ha proyectado el Cuerpo Mental Superior, vuestra inteligencia selectiva, discriminativa, que conoce vuestras necesidades y vuestras exigencias. El Cuerpo Mental Superior conoce la perfección de la presencia, lo mismo que vuestras limitaciones, pero no acepta estas últimas.

La plenitud de la presencia vierte sobre nosotros su amor indispensable.

La plenitud de la presencia nos da todas las cosas deseables.

Saint Germain

Bienaventurados los Pobres de Espíritu

Saint Germain

YO SOY, YO SOY, YO SOY, YO SOY Saint Germain. Os saludo hacia la derecha, os saludo hacia la izquierda y hago pasar, a través de las manos de mi mensajera. Mi Rayo Azul, que os ayudará a oír y percibir las verdades reveladas en el curso de nuestras reuniones, no con vuestro entendimiento mortal, sino con vuestro entendimiento divino.

Porque, a veces, en el curso de una iniciación, sucede que verdades que se quieren estudiar y comprender con el cerebro de carne, rehusan. . .

Es entonces el momento de abrir bien la intuición que cada ser lleva en sí, y permitir a esta intuición que revele de una manera fulgurante lo que el cerebro no puede comprender.

Porque la fe —la fe total— no puede ser percibida y comprendida con el cerebro. Puede éste almacenar toda la ciencia escrita en los libros y ayudar al ser a comprender lo que parece de primera intención incomprensible, pero hay un tramo en el que debe abandonar; hay un tramo en que el ser debe encontrarse tal como se encontrará cuando el Reino de DIOS le abra sus puertas, cuando deba dejar en la Tierra su despojo mortal. Y hacia ese lugar el ser no llevará su cerebro.

Ved, ¡oh hijos!, la verdad esotérica escondida en esta frase que mi Hermano JESUS, 2000 mil años, dejó en letras de oro inscripta en su Evangelio —frase que no ha sido comprendida—, cuando JESUS dijo:

BIENAVENTURADOS LOS POBRES DE ESPÍRITU.

Sí, bienaventurados, porque ahí, en esta simple frase, está escondida la verdad de que, para entreabrir el Portal de Oro que permite entrar en contacto con DIOS, es necesario ser pobre o simple de espíritu, es decir, que hay que tener el valor, incluso si se tiene el cerebro embebido de cosas escritas, de cosas leídas y aprendidas, de rechazar todo esto en un cierto momento (que se siente muy bien) y mirar la Verdad Divina con la simplicidad de un niño pequeño; porque son los velos no-divinos los que almacenan todo el saber humano y, para vivir en los velos divinos, hay que saber desembarazarse de todo esto.

Es necesario saber hacer tabla rasa, incluso si todo lo que se ha aprendido han sido escalones para subir.

Los hombres actuales del siglo XX deberían meditar en estas palabras de JESÚS, porque están lejos de ser simples de espíritu.

La ciencia, la ciencia material que, por sus descubrimientos, marcha por delante de DIOS, ha hecho obra de MUERTE emponzoñando la mente y el subconsciente de los seres del siglo XX.

Les ha cerrado la puerta de todo el reino maravilloso, de toda esta magia divina. Ha relegado como leyendas y como fábulas todas las verdades esotéricas que, más o menos veladas, aparecían incluso en el entendimiento de los seres.

La ciencia ha fallado en su misión, porque ha hecho a los seres como ciegos. ¿De qué sirve saber tantas cosas, de qué sirve incluso descubrir los secretos cósmicos, de qué sirve soñar en los viajes hacia los espacios, de qué sirve todo esto?

¡Oh, humanos del siglo XX! ¿Para qué todo esto, si toda esta ciencia ha secado vuestros corazones?

¿Sabéis que los grandes descubrimientos que acaban de hacerse en este planeta, han llegado muy alto desde el punto de vista material, pero que es en este ambiente en el que hay que admirarlos?

¿Es que hay que estudiarlos con los corazones secos?

¿Es con miedo en el corazón como hay que imaginar el poder a que va a llegar el ser cuando haya vencido las leyes de la gravedad, que les clavan al suelo de la Tierra, y que podrá cual un Arcángel, lanzarse hacia los espacios cósmicos?

¡QUÉ HORROR EL NUESTRO! Yos lo digo a vosotros para que lo digáis a vuestros hermanos de la Tierra. ¡QUÉ HORROR EL NUESTRO ver este descubrimiento, querido por DIOS, este descubrimiento que ha hecho al hombre CÓSMICO, llegar en una tal situación en que el odio, el terror, la envidia se reparte el corazón de los hombres!

Si los sabios por intuición divina —e insisto en ello porque la hora ha llegado—, han podido encontrar los secretos que les propulsan fuera de la Tierra hacia los espacios, es porque, como lo he dicho, HA LLEGADO LA HORA EN QUE EL SER DEBE DEVENIR CÓSMICO, debe comunicar con los otros planetas más avanzados que el suyo, debe hacer una vasta cadena y debe de una manera material, ¡subir, subir, subir hacia la luz!

¿Verdaderamente es en este ambiente en el que esta intuición divina debe materializarse? ¿Verdaderamente con estos aires de seres que han perdido el sentido de lo maravilloso, es como debéis mirar lo que ha llegado, en la hora en que la Era Nueva se aproxima? ¡Deberíais mirar estas cosas DE RODILLAS!

¡Deberíais, volviendo a encontrar vuestras almas de niños, comprender con VUESTRO CORAZÓN, hacia donde quiere DIOS conduciros!

¡Oh! Vuestros cerebros están demasiado empapados de cosas materiales, no véis sino una ecuación más en este problema de la gravedad vencida.

¡No véis incluso todo lo que esto tiene de grandioso!

No véis sino el peligro, en lugar de ver en ello un beneficio inmenso.

Se os da la posibilidad de volar cual Ícaro, en los espacios siderales, hacia la Luz. . . y lo acogéis embotados, porque habéis perdido el sentido de lo maravilloso. Porque vuestros cerebros, demasiado habituados a compulsar vuestros libros, no comprenden ni incluso la grandeza que se oculta en el Plan Divino.

¡Si tan sólo fuérais simples de espíritu!

Si solamente, volviendo a dar a este descubrimiento el valor espiritual que comporta, si borrando vuestras rivalidades y vuestros odios, si dándos todos la mano, comprendiéseis que es el camino de las maravillas materiales el que Dios os da, os empeñaríais en armonizar, con estas maravillas materiales, las maravillas espirituales de que Dios quiere colmaros.

Volved a encontrar vuestras amas de niños, ¡oh, humanos de la Tierra!

Volved a encontrarlas también mirando los descubrimientos que, cada vez más, os revelarán un mundo de maravillas, aceptando a vuestro alrededor las maravillas del Plan de la Luz, aceptando la existencia de las armas espirituales cósmicas que es necesario tomar.

El ser ha vencido la dificultad de la gravedad material: debe, al mismo tiempo, caminar paralelamente y vencer la gravedad vibratoria; debe vencer los velos inferiores que vibran a una tasa demasiado pesada y que impiden que su alma conquiste los espacios de la luz.

Los descubrimientos materiales —lo repito, porque es grave—, los descubrimientos materiales deben marchar a la par de los descubrimientos espirituales.

Y el ultimo descubrimiento ESPIRITUAL SON LAS ARMAS DEL YO SOY que OS HE DADO, CON TODO EL PLAN DE LA LUZ...

Porque estas armas, si son bien manejadas, os darán la posibilidad de vencer la gravedad espiritual de vuestras almas. El hombre material ha vencido la gravedad material de su cuerpo. Si vence la gravedad vibratoria de su alma —y esto es mucho más importante—, la Edad de Oro de Acuario abrirá sus puertas y el Hombre de Acuario, como una fuente viva, hará brotar, incluso el Plan de la Luz, el conocimiento espiritual.

Si el hombre hubiera vencido la gravedad vibratoria de su alma, si por su gran, gran suerte, hubiera esto sucedido, hubiera hecho marchar el descubrimiento espiritual a la par del descubrimiento material. Os lo digo y debéis CREERME:

¡NO HUBIÉRAIS TENIDO INCLUSO NECESIDAD DE ELLO!

Se os dan medios materiales para reuniros con vuestros hermanos del cosmos, porque no habéis sido capaces de vencer la pesadez espiritual, que no os permite manejar vuestro cuerpo físico, desunir sus vibraciones y volverías a formar a vuestra guisa.

Si el hombre hubiera marchado al ritmo del Plan Divino, asistiríais maravillados —porque no hubiérais perdido el sentido de lo maravilloso—, hubiérais asistido, maravillados, a los viajes maravillosos que hubiérais podido llevar a cabo con vuestros cuerpos FÍSICOS, sin ninguna ayuda.

Hubiérais podido vencer la ley de la gravedad, POR EL INTERIOR, por la vibración más afinada de vuestras almas y de vuestros cuerpos.

Y he aquí una cosa muy importante que voy a deciros.

Es que los descubrimientos espirituales son MUCHO MÁS IMPORTANTES QUE LOS DESCUBRIMIENTOS MATERIALES.

Habiendo vencido la ley de la gravedad, pudiendo de aquí a poco tiempo lanzarse en el espacio hacia otros planetas —que existen, estad seguros—, el hombre no podrá contactar sino planetas materiales, es decir, planetas vibrando en tasa de vibraciones atómicas (átomos de la materia) y estos planetas, en la escala de evolución, están mucho menos evolucionados que los millares de planetas que los astrónomos no conocen, ni siquiera su existencia, porque son planetas que vibran en tasa espiritual.

Y decidme, decidme: ¿qué es lo más importante para la evolución de vuestra alma? Ahora bien, esto es lo que podréis hacer —y esto es lo que los maestros acaban de decir a los seres de buena voluntad, que han comprendido las leyes vibratorias y que quieren prestarnos sus cuerpos para ser los pioneros—, si afináis vuestros cuerpos, si llegáis, aún en la materia, a vibrar en las tasas de vuestros velos superiores; PODRÉIS, os lo prometo, VISITAR LOS PLANETAS ESPIRITUALES. Si, los puñados de hijos de la luz que han seguido el camino de la evolución, que han comprendido que era necesario —lejos de los libros más cerca del corazón— experimentar en ellos las verdades iniciáticas, a estos seres, que son nuestros elegidos, prometemos que realizarán los viajes que toda la humanidad hubiera debido hacer.

Dejad a los humanos, cubiertos de una venda opaca, trabajar de una manera material para ver los planetas materiales, y SEGUID A VUESTROS MAESTROS, ¡oh, hijos de la luz!, para elevar vuestras vibraciones, para abrir vuestros Chakras, para devenir iniciados —viviendo en cuerpos GLORIOSOS— y pudiendo subir hacia estos planetas que sólo los que tienen el corazón puro pueden ver, que sólo pueden contemplar los SIMPLES DE ESPÍRITU, que creen EN LAS MARAVILLAS.

¡Oh, humanos! Humanos del siglo XX: ¡DESPERTÁOS A LA LUZ!

Comprended que DIOS, en su Misericordia Infinita os da, de una manera material, indicios de algo tan GRANDIOSO que, para recibir esta grandeza, es necesaria una condición esencial: ¡CREER EN ELLO!

Despertáos a la grandeza.

Despertáos al sentido de lo sagrado.

¡¡¡Despertáos, DESPERTÁOS, lejos, lejos de la ciencia que no hace sino ver las cosas reduciendo su visión!!!

Conceded su VALOR CÓSMICO a este acontecimiento reciente, ¡no lo aneguéis en el temor, en la discordia y en la envidia!

¡Oh, la HORA ES GRAVE, hijos de la Tierra!

¡LA HORA ES GRAVE! Los maestros quisieran daros SUS PODERES —querrían GALVANIZAROS— hacer de cada uno de vosotros PROFETAS, para DESPERTAR los CORAZONES y las CONCIENCIAS.

No lo podemos hacer totalmente: aquí también juega esta Ley de las Vibraciones que preside TODO lo creado.

No podemos daros nuestros poderes sino en la medida en que subáis hacia ELLOS; a vosotros corresponde, pues, subordinar vuestra vida a purificaros, a tomar un corazón de niños todas las armas que él os da.

Ya no es tiempo de dudar, de tergiversar. ES TIEMPO DE OBRAR.

Es tiempo de decíroslo: DESPERTÁOS a vuestras RESPONSABILIDADES.

Despertáos ante el peligro de esta desproporción entre la ciencia material; las armas de que se dispone, Y LA MORALIDAD Y LA EVOLUCIÓN DE LOS HUMANOS.

Verdad es que sois poco numerosos; pero aumentaréis.

Por doquier, los seres buscan.

Por doquier, los seres llaman a LA LUZ.

En todas partes. en todo lugar, el grito sube hacia nuestro DIOS, Nuestro Padre: "¡Padre, Padre, SÁLVANOS!". ¡Y no comprendéis que somos enviados por nuestro Padre, que venimos a salvaros!

¡Es que el tiempo apremia! Por ello divulgamos a los cuatro puntos de la Tierra lo que hasta ahora había sido enseñado en los Templos y en los Santuarios cerrados...

La hora es tan grave, TAN GRAVE, que hay que trabajar, Trabajar, TRABAJAR sin flaquear; no dejar que la mente de carne os atrape, al contrario convertios en nuestras manos en niñitos que formaremos. ¡Y CREER EN ESTA MARAVILLA!

Si: a algunos, el "YO SOY" parecerá extraño, infantil. . . Parece que abre la puerta hacia las leyendas en que los pueblos antiguos acunaban su alma. . .

El hombre del siglo XX tenderá a cerrar la puerta a esta maravilla.

Ahora bien, esta maravilla existe, ¡y las leyendas no han mentido!

¡DIOS no os ha dejado solos! Por todos los lados, ayudas invisibles os rodean, que quieren salvar a esta humanidad que sufre. ¡La humanidad no tendría que hacer sino una sola cosa para ser salvada y para que la luz fulgurante descienda sobre ella!

"Aceptar las Maravillas con un Corazón de Niño"

Cuando se aceptan las maravillas, cuando, con un corazón de niño, se cree en la existencia de los maestros, de los guías, del Plan de la Luz, de los ángeles y de los arcángeles

—se cree que toda esta fuerza se emplea para la salvaguardia de la Tierra— YA SE ESTA SALVANDO; se está en el camino que conduce hacia el DESCUBRIMIENTO INTERIOR. Las verdades iniciáticas os piden que las acojáis en vosotros con vuestra intuición divina. Las verdades iniciáticas tienen tales vibraciones que incluso no pueden ser discutidas con el cerebro. O el ser siente que es llamado por el Plan de Luz, siente que todo esto EXISTE, y tiene la buena voluntad de seguir todas las directivas —o bien su cerebro rechaza y refleja y llama a una puerta cerrada—. JAMÁS discutáis, ¡oh, hijos de la luz! —y esto os lo digo en previsión para todos los seres que vengan hacia vosotros—, JAMÁS discutáis con el cerebro la iniciación que se os ha abierto. Decid a los seres que la discutan, no con el cerebro, sino entrando en ellos mismos y sintiendo si es su verdad o no. Las verdades iniciáticas discutidas con el cerebro emiten vibraciones vertiginosas contrarias que son nefastas.

Yo os pido ¡oh, caballeros del Santo Graal!, que jamás OS DEJÉIS ir a DISCUTIR LO QUE SE OS DA. Debéis sentir la verdad de ello en el interior de vosotros mismos.

Os bendigo a todos.

Sé que tenéis buena voluntad. Sé que habéis comprendido a qué altura y a qué poderes podéis llegar.

PERO SEGUID SIEMPRE EL CAMINO DEL AMOR.

Los maestros, tarde o temprano, retiran el poder, incluso si ha sido arrebatado, a los seres que no tienen el AMOR, porque sólo EL AMOR PUEDE HACER QUE USÉIS DE VUESTROS PODERES CON DISCERNIMIENTO Y CON SABIDURIA.

El Amor Total da la Sabiduría y da los Poderes

Necesario es, ANTE TODO, como os lo digo SIEMPRE, necesario ANTE TODO:
"AMAR"

El Reino del Amor

Discurso dirigido por un "Maestro Cósmico" llegado del "Gran Silencio"
(Misterios Develados)

Después del saludo al 'Yo' Divino dentro de cada uno, todos se quedaron muy quietos; la misma atmósfera parecía completamente inmóvil. Después de un momento se hizo visible lentamente una maravillosa "Presencia"; era un "Maestro Cósmico" llegando del "Gran Silencio". Un murmullo de temor y sorpresa corrió entre los huéspedes reunidos cuando apareció él y reconocieron asombrados a uno de quien se había oído durante muchos siglos, cuya "Presencia" visible, sin embargo, nadie había visto jamás.

Levantando su mano derecha, se dirigió a los presentes y a todos los que moraban dentro del imperio.

¡Oh, hijos de la Tierra! Os traigo una advertencia de mucha importancia, en un momento de gran crisis. ¡Levantáos de la trampa de los sentidos que os está devorando! Despertad de vuestro letargo, antes de que sea demasiado tarde; Éste mi "Hermano de Luz" debe retirarse y dejaros a la experiencia que vosotros habéis elegido, y que lentamente os está atrayendo hacia algunas de sus numerosas trampas. Vosotros os habéis abierto a la ignorancia y emociones sin control del "Yo" Externo.

Dais poca atención y todavía menos adoración a vuestra "Fuente" la causa suprema, poderosa, radiante, majestuosa e infinita de todo lo que existe —el creador y sostenedor de todos los mundos. Vosotros no dais agradecimiento a la "Gran Presencia Gloriosa" el "Amo de Amor", por la vida misma por la cual existía.

!Oh!, porqué no estáis siquiera agradecidos por las bendiciones que la naturaleza difunde tan pródigamente, por la abundancia que recibís a través de este bello país, y de vuestro propio gobernante sabio y desinteresado vosotros os dais las gracias por los favores —las cosas de los sentidos y de las formas, que son tan efímeras— que pasan del uno al otro y luego dejan de existir; ¡Oh, por qué! Olvidáis la "fuente" de toda vida, de todo amor, de toda inteligencia, de todo poder.

¡Gente! ¡Oh, gente! Dónde está vuestro agradecimiento a la vida, por el amor, por la magnificencia de la experiencia que disfrutáis en todo momento, a toda hora, cada día, año tras año. A todo esto lo llamáis vuestro, pero siempre ha pertenecido, pertenece y pertenecerá a la Gran Fuente Una de vida, luz, amor y todo lo bueno-Dios —el Ser Supremo— adorable omnipenetrante.

Cuando por vuestro propio mal uso de la energía de vida, que este ser omnipenetrante vierte sobre vosotros constantemente, pura, perfecta y sin contaminación, habéis creado condiciones tan destructivas y dolorosas que ya no pueden ser soportadas, os volvéis ya sea con desesperación, agonía o rebelión y llamáis a Dios para que os libre de vuestra miseria. Este es vuestro ofrecimiento al "dador de todo lo bueno" en recompensa por aquella perfección incesante que él otorga continuamente con amor supremo. La única condición bajo la cual el 'Gran "Yo" Uno' da todo, es su uso correcto, para que pueda bendecir al resto de la creación con alegría infinita, actividad armoniosa y perfección.

Cuando en las profundidades de la miseria, os dirigís nuevamente a vuestra fuente para que os alivie de vuestras transgresiones, gritáis en la agonía de la desesperación o, si sois rebeldes, culpais a la vida y a la fuente de todo bien por permitir que exista dentro de vosotros y dentro de vuestro mundo lo que llamáis injusticia y condiciones perjudiciales.

Sois vosotros, el pequeño "Yo" personal, los que sois injustos con la vida; los que sois falsos; los que creáis la miseria de la Tierra; ya que sólo la humanidad, debido a que tiene libre voluntad para crear lo que desea, cada individuo por medio de su propio pensamiento y sentimiento, se atreve a sembrar la discordia, la miseria y la desfiguración que se expresan sobre la Tierra. Esto es una mancha sobre la creación y la perfección que flota eternamente en la gran melodía cósmica de canto eterno.

Sólo la humanidad es culpable de crear discordia en la música de las esferas, ya que todo lo demás vive y actúa de acuerdo con la "Ley de Amor", de vida, de armonía y de luz. Todo lo demás se funde en un todo armonioso —El "cuerpo del ser infinito que todo lo ama".

Todos los demás reinos de "Vida y Luz" se mueven y crean de acuerdo con el principio fundamental sobre el que se basa toda perfección. Ese principio es el amor. Si no fuera por los "Grandes Seres Altruistas", como vuestro gobernante —la gran hueste de Maestros Ascendidos, cuya base de existencia es el amor— la humanidad hace tiempo que se habría destruido a sí misma y al mismo planeta sobre el que existe.

Las actividades trascendentales y magníficas de amor y luz son las condiciones naturales en las que Dios creó y esperó que sus hijos humanos las manifestaran, obedeciendo su mandato "de amar". No hay cosa tal como una condición sobrenatural en cualquier parte en el universo. Todo lo que es trascendente, bello y perfecto es natural y está de acuerdo con la "Ley de Amor". Cualquier otra cosa *no es lo natural*. La experiencia diaria de la hueste de Maestros Ascendidos es la perfección en que deberían vivir siempre los hijos de Dios. Los hijos de la tierra expresaron esta perfección una vez en un ciclo anterior, que fue una Edad de Oro.

Aquella civilización anterior —aquella perfección antigua— es más vieja de lo que vosotros pensáis, más antigua de lo que creéis que sea el planeta. Toda la humanidad en esa época vivía en un estado trascendente semejante al de los Maestros Ascendidos.

La condición de miseria que ha venido desde esa época a través de las edades, llegó porque la humanidad decidió apartarse de su "fuente" —de amor— como modelo para vivir la vida.

Cuando los hijos de la tierra se apartan del amor, están eligiendo consciente y deliberadamente la experiencia del caos.

Cualquiera que pretenda existir sin amor, no podrá sobrevivir largo tiempo en parte alguna de la creación. Tales esfuer-

zos están destinados a traer fracaso, miseria y disolución. Todo lo que carece de amor debe regresar al caos, lo informe,
para que su substancia pueda ser usada nuevamente en combi-
nación con el amor, y así producir una forma nueva y perfecta.

Esta es la Ley de la Vida Universal así como de la vida
individual. Ella es inmutable, irrevocable, eterna; sin embargo es benéfica, ya que la creación en la forma existe para que
Dios pueda tener algo sobre lo cual derramar *Amor* y así expresar en la acción. Esta es la "Ley del ser Poderoso" y la
vastedad y brillantez de esa perfección no pueden ser des-
critas con palabras es el "Mandato de la Eternidad".

Si no existieran estas condiciones de vida y experiencia
efectivas, reales, permanentes y perfectas, que escapan a toda
descripción humana, la existencia sería sólo una parodia de la
estupenda actividad de la vida que opera eternamente a través
de toda la creación. Hay aquellas esferas trascendentales, más
elevadas y armoniosas, reinos de actividad y consciencia
—individuales y cósmicos— donde sigue adelante continuamente la creación con alegría, con amor, con libertad y con
perfección.

Estos reinos son *reales, reales, reales* y mucho más permanentes que vuestros cuerpos y edificios en el mundo físico a vuestro alrededor. Estos reinos de vida son creados de
una substancia que está tan cargada con *amor* que nunca se
les puede imponer o registrar dentro de ellos una cualidad o
actividad de discordia, imperfección o desintegración. Debido a que están basados en el amor, la perfección de una
manifestación tal es mantenida para siempre, es siempre activa, se expande siempre y bendice siempre con alegría a todo lo que existe.

Vosotros os acarreáis el dolor que os impulsa hacia la encarnación una y otra vez en la ignorancia de los sentidos, los apetitos humanos y los deseos del "Yo" externo. Estos apetitos en la naturaleza sensual de la humanidad son en sí mismos sólo una acumulación de energía a la que el individuo, a través de su pensamiento y sentimiento, le ha dado una cualidad de una u otra especie. Esta energía mal cualificada acumula fuerza a través de la expresión humana y se vuelve un hábito. El hábito es sólo energía calificada específicamente y enfocada por algún tiempo sobre un objetivo.

Los apetitos sensuales de vidas previas se vuelven los hábitos y fuerzas impulsoras de las vidas siguientes, manteniéndoos esclavos, atados a las ruedas del coche de la discordia, la privación y la necesidad, arrastrándoos a través de un laberinto de experiencia y problemas humanos de vuestra propia creación, obligándoos a aprender y a obedecer a la *Ley Uno-el Amor.*

Vuestras propias creaciones disformes os siguen impulsando más y más, hasta que estáis dispuestos a comprender la vida y a obedecer su *Ley Uno-el Amor.* Pasáis por vida tras vida, experimentando discordia tras discordia, hastá que aprendéis a vivir la "LEY del AMOR".

Esta es una actividad obligatoria de la que nadie escapa, y ella continúa hasta que el "Yo" externo busca la razón de su miseria, y comprende que su liberación de la experiencia del sufrimiento sólo puede llegar a través de la *obediencia* a la "Ley del Amor". Tal obediencia comienza como paz, calma y bondad en los sentimientos cuyo *centro* está en el *corazón.*

Su contacto con el mundo externo debe venir a través del *"Sentimiento Interno".*

El amor no es una actividad de la mente sino es la *Esencia* pura y *Luminosa,* que crea la mente. Esta escencia de la Gran Llama Divina fluye dentro de la substancia, y se derrama constantemente como la perfección en la forma y en la acción.

El amor es la perfección manifestada. Sólo puede expresar paz, alegría, y un derramamiento de aquellos sentimientos sobre toda la creación-incondicionalmente. No pide *nada* para sí mismo porque el amor es eternamente auto-creador, siendo el latido del corazón del Supremo. El amor lo posee *todo* sólo se ocupa de poner en acción el plan de perfección de todo. Así, el amor es un constante derramamiento de sí mismo. No toma nota de lo que ha sido dado en el pasado, sino recibe su alegría y mantiene su equilibrio por medio del continuo derramamiento de sí mismo. Debido a que esta perfección se halla dentro del amor, que fluye eternamente, es incapaz de registrar nada sino a sí mismo.

El amor solamente es la base de la armonía y el uso correcto de toda energía de vida. En la experiencia humana esto se convierte en un deseo de dar, dar y dar de toda la paz y armonía del individuo al resto de la creación.

¡Gente! ¡Oh, gente! ¡Eternamente a través de las edades! Sólo el amor *suficiente* puede llevaros de regreso al cielo que una vez conocistéis y en el que morastéis. Aquí, nuevamente abrazaréis la plenitud de la "Gran Luz" que lo da todo a través del Amor.

Día de Gratitud

Saint Germain

¡Mi bien-amada familia de eterna gratitud, porque, he ahí lo que habéis llegado a ser! ¡Oh, preciosos, preciosos hijos de la luz! Mi corazón desborda el gozo viendo que cada vez mayor número de seres aceptan esta luz del YO SOY que quieren hacer las llamadas y se muestran agradecidos, abriendo así de par en par la puerta, a fin de que todo esto que rige este mundo físico y todo esto que pertenece a la luz en el plano físico pueda entrar en su Vida.

¡En la expresión del Amor Divino no hay probablemente un matiz de este amor que atraiga más bendiciones que la expresión de la gratitud! ¡Cuando estáis agradecidos toda la energía de vuestro cuerpo emocional está, no solamente en armonía, sino que hay una emisión y una expansión de la luz de vuestra propia corriente de vida! He ahí por qué la gratitud aporta bendiciones gigantescas a el que se hace a sí mismo una "Copa" para su Llama Poderosa y su expansión de luz resplandeciente hacia todo lo que contacta, sin restricción y por doquier. Mostrándoos agradecidos por las bendiciones que la vida vierte abundantemente sobre vosotros, dáis de alguna manera a vuestra Poderosa Presencia YO SOY una ocasión de barrer toda obstrucción de vuestros sentimientos. La expresión de la gratitud permite a este glorioso ser de luz, que es vuestra Poderosa Presencia YO SOY intensificar el rayo de luz que entre en el cuerpo por lo alto de la cabeza y que está anclado en el corazón.

A cada sentimiento de gratitud, la llama espontánea de vuestro corazón se acrecienta y cada punto de luz en vuestra carne se intensifica. Si un gran sentimiento de gratitud hacia toda la vida, por doquiera fuéseis, se emitiera constantemente a través de vuestras formas físicas, por vuestros pensamientos y vuestros sentimientos, todas vuestras llamadas se ejecutarían con una rapidez y un poder que os asombrarían.

Estar agradecidos, mis muy queridos, es restituir a la vida la expansión de esta perfección que constituye el cumplimiento del Plan Divino. He ahí por qué la gratitud liberará a la humanidad de sus limitaciones.

¡Nada puede reemplazarla!

Es evidentemente una forma de amor, de este gran Amor Divino Cósmico del que habéis siempre oído hablar; pero sólo difundiendo vuestro amor y vuestra gratitud hacia toda vida, mantenéis el compromiso que habéis contraído con el Gran Sol Central, antes de vuestra individualización. Porque habéis venido por vuestra libre determinación, para difundir la perfección y manifestar el Plan Divino, a fin de que pueda darse más amor al resto del Universo.

De esta manera, cuando estáis agradecidos por las cosas
que os rodean y por todo lo que la vida os da sin cesar, vertéis
sobre toda vida el amor y la armonía que cumplen el Plan
Divino: estáis entonces en armonía divina y en perfecta cooperación con vuestra Poderosa Presencia YO SOY.

Uno de los más asombrosos efectos de la gratitud es que
asegura una protección automática, porque os es imposible
que dejéis de tener buena disposición y bondad hacia quien
quiera que sea si estáis ocupados en expresar la gratitud y el
amor.

La gratitud es una llama. Más bien es la expansión de una
de estas llamas que forman el Loto y que ha sido designado
como el "Loto de los Mil Pétalos del Corazón".

La Llama Espontánea se considera como la joya del Fuego Sagrado y el Loto de los Mil Pétalos es la expansión o la
dilatación de llamas individuales a partir de las llamas es-
pontáneas, siendo cada una de estas llamas una de las cualidades que son indispensables para el cumplimiento del Plan
Divino. . . y ¡esta expansión va al infinito!

Permite esto a un Maestro Ascendido crear tantos cuerpos como desee y dirigirlos a donde él quiera; porque estos
cuerpos no son sino la extensión de la vida de su propio corazón condensado en una forma de sustancia electrónica, completamente pura y perfecta. De la misma manera que vuestra
mano es una extensión de vuestro cuerpo, así estos múltiple
cuerpos son extensiones del Maestro Ascendido.

Difundiendo la Llama Cósmica de vuestro amor cósmico,
formáis, por la Llama de Amor de vuestro corazón, una extensión del poder de expansión del amor. Es el amor cósmico
de vuestra propia Poderosa Presencia YO SOY que crece

primero a través de vuestro propio Cuerpo Mental Superior y, a continuación, a través de vuestra forma física. Así, pues, al expresar gratitud hacia la vida en toda persona por doquier y en toda circunstancia, la llama amplifica y difunde su perfección indefinidamente.

Es como si encendéis fuegos por doquiera y este fuego comienza a purificar, a iluminar y a producir la perfección en los seres y las cosas. La intensificación, la amplificación y la expansión de la Llama Cósmica de gratitud cósmica a través de todos vosotros, mis bien-amados, es la Presencia YO SOY de la divina armonía que impide que se produzca la discordia y la irritación. ¡Es imposible estar irritado y agradecido a la vez! No se puede tener miedo y estar agradecido simultáneamente. ¡Ningún sentimiento destructivo puede penetrar en vosotros cuando dáis gracias!

La gratitud, mis queridos, es un formidable disolvente cósmico de todo egoísmo: porque el egoísmo acumula las cosas alrededor del cuerpo físico y del Yo Exterior y es exactamente lo opuesto a la gratitud; porque la gratitud difunde el amor, la luz y las bendiciones de vuestra corriente de vida sobre todos, por doquier sin la menor restricción.

¡Oh, mis Bien-Amados!, si quisiérais emplear correctamente las palabras YO SOY en vuestra conversación diaria y tomar el hábito de repetir: "¡Oh, YO SOY estoy tan agradecido! ¡Estoy tan profundamente agradecido!"

¡Es como si saliérais al esplendor de un día soleado y olvidárais que alguna vez hubiera habido sombras! Es uno de los más fáciles medios para aumentar la luz en vuestros propios cuerpos y, al intensificar la luz en vuestros cuerpos, ¡conoceréis la gratitud, inevitablemente!

El ser individual no tendrá el uso de ciertos dones, de ciertos poderes y de un cierto dominio de la vida, sino por la expresión de la gratitud. ¡No existe otro medio de adquirirlos!

Os ofrecemos nuestra gratitud eterna, ¡oh, mi bien-amada Familia de la Luz y de la Gratitud! ¡Qué nuestro amor y nuestra gratitud sean para vosotros una llama viva que os incite a subir a las alturas de la realización, cada vez más amplias, y os dé la adquisición de poderes cósmicos que por vosotros traerán la libertad a las naciones y la paz al mundo entero, para siempre!

Si se hubiera anunciado que todos los problemas pendientes estaban solucionados y todos los conflictos allanados, ¿no provocaría esto un sentimiento de alivio y de gratitud en todo el planeta, inundándolo de una gigantesca onda de luz? La gratitud de todos los corazones por el restablecimiento de la paz en la Tierra haría brotar de todas las corrientes de vida una onda enorme de luz y de amor, que obraría como un poder ascensional sobre el conjunto de la humanidad y de la Tierra misma. La gratitud es igualmente la acción magnética de la vida, que atrae el cielo hacia la Tierra, una acción más intensa del Fuego Sagrado y de la luz del Universo.

Cuando nos expresáis vuestro amor y vuestra gratitud, ¿qué experimentamos y cuál es nuestra responsabilidad? ¿Pensáis que somos capaces de resistir la llamada de vuestro amor? ¿No nos obliga la Ley Cósmica a responderos? O, más bien, como somos la ley por nuestra propia voluntad, os colmamos de un amor y de una gratitud ilimitadas, sobrepasando en mucho de lo que podéis dirigirnos, porque disponemos de más poder y de luz en nuestra Octava que vosotros en la vuestra.

Al difundir vuestra gratitud por el Universo alrededor de vosotros, entráis en el circuito en que discurre la energía vital partiendo de vuestra Poderosa Presencia YO SOY y volviéndole enriquecida de bendiciones de vuestra gratitud hacia nosotros. Estáis entonces concordados por nuestro circuito de vida más vasta y más poderosa. Expresándonos vuestro amor y vuestra gratitud. Nos dáis la ocasión, abriendo más ampliamente la puerta de vuestros sentimientos, de difundir por vosotros nuestro amor, nuestro entendimiento, nuestra gratitud, nuestra vida y nuestra perfección que conducirán más rápidamente al cumplimiento del Plan Divino para la Tierra.

¿Advertís que la vida contiene un poder ilimitado de expansión, de perfeccionamiento y de progresión que son inherentes a la luz?

Todo lo que produce felicidad aquí abajo y en vosotros, puede crecer indefinidamente y comunicar al Universo esta felicidad y esta beatitud que son inherentes a la llama de cada corriente de vida e, igualmente, a la llama del corazón del Sol Físico y del Gran Sol Central.

Mis bien-amados: ¡Es una expansión al infinito! ¡Nada puede reemplazar el gozo de este sentimiento de expansión y no lo conoceréis sino por la expresión del amor y de la gratitud! ¡No os liberaréis sino por el amor y la gratitud cósmicos!

Mis muy queridos: ha habido seres que se han liberado en pocas horas por el sentimiento de una intensa gratitud. La acumulación discordante de los siglos fue barrida en estos casos como por un torrente impetuoso de amor y de gratitud. Pero en cuanto los seres devienen egoístas, olvidan el estar agradecidos y cierran la puerta por la que podían venir a ellos nuevas bendiciones.

Mis bien-amados: ¿En qué posición se encuentra una persona que no cese de acumular las cosas alrededor de ella? Es como un centro exclusivamente sometido a la fuerza centrípeda que fatalmente hará explosión cuando la presión de la acumulación llegue a ser demasiado fuerte. Las fuerzas destructivas del mundo exterior se encuentran en esta posición, actualmente. El huracán de su propia fuerza destructiva les cerca con una presión que se acrecienta y se acelera de hora en hora.

Si queréis volver vuestra atención hacia vuestra Poderosa Presencia YO SOY, el coro de los Maestros Ascendidos, los seres cósmicos, el Gran Sol Central e, incluso, el Sol físico; si guardáis vuestra atención ahí y llegáis a ser, por doquier, la expansión cósmica de la Llama Cósmica y gratitud hacia toda vida, por todo lo que la vida ya os ha dado y, sobre todo, por lo que la vida puede hacer y manifestar por vosotros, entonces, mis queridos, podemos nosotros amplificar todo lo que viene de vuestra corriente de vida y en ella verter actividades cósmicas del Fuego Sagrado que obrarán en vuestra nación y en el mundo.

¡He ahí como un ser individual puede devenir, por la expresión de un gran amor y de un gran agradecimiento, un foco de expansión cósmica para la Tierra!

Así es como el Bien-Amado Maestro Jesús y otros grandes seres han devenido, en el curso de los siglos, grandes dispensadores de luz para toda la humanidad.

Los que aportan mucha luz y ayudan a liberar a muchos seres han tenido siempre en las profundidades de su ser un gran amor y una intensa gratitud hacia su manantial primero y hacia todos los seres y toda vida, a continuación.

Ahora, quiero Yo mostraros cual es el efecto producido por la gratitud en el cuerpo de deseos y los sentimientos de los demás. lo mismo que el efecto de expansión de vuestra propia potencia.

Cuando vienen a daros las gracias por alguna cosa, ¿qué experimentáis? No os pone esto descontentos, ¿no es cierto? Cuando os dan las gracias, es la vida la que da agradecimiento a otra parte de ella misma, por los beneficios ya, recibidos y reconociendo lo que la vida os ha dado y revelado ya, es como podéis recibir más. ¿Cómo el que os hace esto dones, trabaja para vosotros y os colma de bien, puede saber lo que hace, si no le dáis las gracias nunca? ¿Continuará indefinidamente ocupándose de vosotros? ¿o no cesará de interesarse en vosotros para ofrecer sus dones en otro lugar? ¡No solamente las personas, sino que incluso las plantas y los animales domésticos se apartan de los que no dan las gracias nunca!

Vuestra gratitud, mis Bien-Amados, no debe dirigirse a la creación humana discordante, sino a la vida que anima todo. Vuestra gratitud hacia la vida os atrae dones que ninguna otra cosa os aportará. Estad todos agradecidos hacia la vida. ¡Necesario es expresar la gratitud antes de poder conocer la victoria y antes de poder gozar de una abundancia permanente! No vendrá una mayor libertad en el plano físico producida por los poderes de vuestra Poderosa Presencia YO SOY y de vuestro Cuerpo Mental Superior, a través de vuestras formas físicas, sino por la expresión de vuestra gratitud hacia la vida.

El poder de precipitación instantánea no se manifestará sino cuando experimentéis una gran gratitud cósmica.

Esto de que os hablo constituye las bases y la estructura fundamental de la manifestación universal.

¡Cualesquiera que sean las dificultades y las privaciones por las que podáis haber pasado, estad sin embargo agradecidos por la menor cosa que recibáis!

Y, en primer lugar, ¿por qué habréis de estar agradecidos? ¡Porque habéis recibido un albergue en que podéis amar a vuestro Dios de la manera que os conviene! ¡He aquí por qué Yo me encuentro entre vosotros en este día y os doy una radiación que os ayuda a estimar en su justo valor el privilegio que se os ha acordado de saber cómo hay que amar y servir a vuestro Dios! Me parece que, fuera del conocimiento de la Poderosa Presencia YO SOY y de la Llama Violeta Consumidora, no hay, en el estado no-ascendido, razón más valedera para expresar una gratitud profunda y gozosa. Pensad con frecuencia que existen millones de seres que no saben a dónde ir y que no tienen un lugar propio y tranquilo en que la pureza divina, los poderes divinos, la sabiduría, el amor, la luz, la perfección y la protección divinas puedan ser concentradas y difundidas como ocurre sobre vosotros los que venís a estos santuarios! ¡La masa de los humanos nada tiene de lo que vosotros recibís aquí, porque no tienen la explicación de la ley! ¡No saben a dónde van, no comprenden nada de lo que pasa! ¡Se preguntan por qué han llegado a esta tormenta y qué es lo que se espera de ellos! ¡Cómo niños a los que se pone una venda en los ojos, giran en redondo en un bosque y las fieras de la destrucción los acosan en las masacres de la guerra!

¡Vuestra gratitud de estar reunidos aquí, en un puerto de paz, no debería conocer limites!

Mis bien-amados: ¡Yo os develo el poder mágico de la gratitud, a fin de que podáis emplearlo sin límites! ¡No os preocupéis de la opinión de los demás, más vivid expresando sin cesar la Llama Cósmica de amor y de gratitud cósmica!

¡Preparáos a devenir los guardianes de estos más grandes poderes de vuestra adorable Poderosa Presencia YO SOY con los que los Maestros Ascendidos quieren investiros!

Pedid estos poderes a fin de dar asistencia a vuestro prójimo y hacer por el resto de los humanos lo que son incapaces de hacer por sí mismos.

Sólo los Maestros Ascendidos y los seres cósmicos pueden prestar este servicio a la humanidad. Se considera que todos los que conocen la ley deben prestar este servicio a los que lo ignoran aún.

Por la aplicación de la ley, podéis ayudarles a liberar su mundo de su propia creación, hasta que puedan, a su vez, recibir la enseñanza. Entonces, como un rayo de Sol traspasando la oscuridad de las nubes de tempestad, el ser real toma el control del individuo y le conduce, por la comprensión del YO SOY, hasta el punto en que puede contemplar su Presencia YO SOY cara a cara y ganar así su eterna victoria.

Los Maestros Ascendidos han ido en busca de seres humanos hundidos en las más profundas tinieblas y los han atraído el uno tras el otro, fuera de la oscuridad hasta la luz. Debemos, por consiguiente, estar agradecidos hacia los que son más grandes que nosotros y hacia el Gran Sol Central por el despertar y el regreso, a la perfección, de una corriente de vida que se había abismado en la oscuridad, gritando socorro sin saber dónde encontrar la luz.

Respondiendo a esta llamada, la luz abre su vía en el seno de la oscuridad, vuelve a tomar la dirección de esta corriente de vida y la conduce a la casa del Padre. Entonces, las estrellas mismas cantan su gratitud porque las sombras se disipan y la antifonía cósmica de la música de las esferas resuena en la luz vuelta a hallar.

¡YO SOY, YO SOY la libertad para la Tierra! ¿No pensáis que Yo estoy agradecido por esto?

YO SOY, YO SOY el Angel-Deva de la Llama Violeta, por medio de la que todo lo que ha sido descalificado por lo humano puede ser consumido en el Universo; la Llama Violeta que puede liberar todas las corrientes de vida y darles la victoria de la Ascensión.

¿No pensáis que Yo estoy agradecido por esta actividad, gracias a la cual puedo atraer toda la vida de este mundo fuera de sus limitaciones hasta la victoria de la Ascensión?

¿No pensáis que Yo estoy agradecido a la vida por haberme permitido ser el foco de concentración de estos poderes?

¿No pensáis que Yo estoy agradecido hacia el Bien-Amado Jesús, cuya asistencia me permitió cumplir mi Ascensión?

¿No pensáis que el Bien-Amado Godfré me está agradecido por su victoria de la Ascensión?

¿Si nosotros podemos estar agradecidos hacia cada corriente de vida que cruza vuestro camino? No sabéis lo que esta corriente de vida puede haber hecho por vosotros en el pasado. Podéis encontrar en la calle a alguien que no sea para vosotros sino un desconocido y, sin embargo, en una vida, en otra existencia, este ser pudo haberos asistido cuando estábais en gran peligro. Por consiguiente, estad agradecidos hacia toda vida. Considerad que toda corriente de vida es una Llama del Corazón del Gran Sol Central y que no se establece ninguna diferencia por el hecho de que améis la acumulación humana que se haya condensado alrededor de esta corriente de vida o que no la améis. ¡Puede no conveniros el comportamiento de ciertas personas, pero si nosotros tuviéramos que rehusar la asistencia a todos aquellos cuya forma de ser, humana, no nos gusta, muy pocos seres en este mundo gozarían de nuestra asistencia!

De esta manera, vuestra gratitud hacia la vida debe expresarse por el servicio prestado a la humanidad, aportando a cada corriente de vida toda la asistencia posible, cuando estos desgraciados seres luchan en la oscuridad de los conceptos humanos y de la creación humana.

Mis bien-amados: muchos seres dicen: "Sí, siempre he pensado que Dios estaba en mí y que el poder crístico es un poder interior, pero es todo lo que sé". Cuando alguien se manifiesta en este lenguaje, mis queridos hijos, es que este ser está presto para recibir esta luz del "YO SOY".

Si estáis agradecidos por esta enseñanza que se os ha dado, encontraréis el medio de darla a otros en el momento en que haya la mínima abertura.

Podéis dar tanto como deseéis dar; ¡y tratad, por consiguiente, de hacerlo incluso y sobre todo si tenéis que molestaros un poco por ello!

Mis queridos hijos: si pudiérais ver nuestro trabajo de protección hacia millones de corrientes de vida, que son maravillosos seres de luz, comprenderíais y estaríais agradecidos.

Si pudiéseis ver cuántas veces —cuantos millares de veces, debería decir Yo—, hemos debido guardar y proteger a cada uno de vosotros, cuando no teníais ni la menor idea del peligro, vuestra gratitud excedería todo lo que hayáis podido concebir para el pasado; y estaríais agradecidos por el privilegio de haber recibido esta luz y la oportunidad de aportar esta asistencia, en el mundo exterior, a los seres que aparecen mostrando la menor aceptividad.

Habéis mostrado mucha aplicación, es verdad, pero no hace sino algunos meses —todo lo más algunos años— ¿y qué representan estos pocos años en comparación con los dos millones y medio de años desde que la humanidad se envolvió en la oscuridad? Y algunos de entre vosotros se hundieron en la oscuridad en aquel tiempo por la elección de su libre arbitrio. Ahora que véis la luz, os hacéis conscientes de que sois una parte de esta luz y que ella está en continua expansión en vosotros. Entonces, tratad de difundirla y pedid a vuestra "Presencia YO SOY", que os muestre la vía por la que podáis aportarla a los que están prestos a recibirla. No vayáis, sobre todo, a imponer esta enseñanza como una lección forzada a no importa quién, porque podríais encontraros con alguien que estuviese de tal manera amurallado en su creación humana y que os hiciera volver enérgicamente a vuestro sitio antes de que hubiérais podido explicarle lo que fuere. ¡Esto no sería sabiduría! ¡Se supone que poseéis inteligencia, amor, discriminación, sabiduría y poder obrando para controlar todo lo que hacéis!

Podéis llamar a vuestra "Bien-Amada Presencia YO SOY", en acción y decirle: "Haz que yo aporte esta luz a cada persona que Tú sabes está presta a recibirla y verla para que cada persona que entra en esta luz quede en ella para siempre; permíteme prestar este servicio para la más rápida expansión de la luz". Llegaréis a ser entonces como un imán que atrae y eleva todo por encima de las limitaciones.

Mis bien-amados: Yo sé que estáis agradecidos por haber sido liberados de la mayor parte de vuestras limitaciones y que estaréis aún más agradecidos cuando estéis completamente liberados. Así, pues, ¿no pensáis que otros lo estarán también? Cuando podáis, levantando vuestra mano, proyectar la llama curativa del amor cósmico y detener instantáneamente el sufrimiento físico, ¿pensáis que la vida no habrá de estaros agradecida por esta paz? Y bien, mis queridos hijos, ¡he aquí los poderes que nosotros queremos daros! No podéis tenerlos sin tener primero la pureza, la gratitud y la obediencia. ¡No podéis tenerlos sin la armonía!

Por consiguiente, estad agradecidos cuando os sintáis armonizados; y estad aún más agradecidos cuando sintáis una mayor armonía; y cuando sintáis el menor progreso, ¡manifestad vuestro agradecimiento! Difundid esta armonía y bendecid todo con vuestro agradecimiento, porque es como una planta muy delicada que hay que cultivar con gran cuidado. Después de algún tiempo, cuando haya ganado en fuerza y en belleza le estaréis agradecidos porque difundirá el perfume suave de sus flores en vuestro jardín.

Mis queridos hijos: Ningún inconveniente existe para que vuestro cuerpo físico pueda ser liberado por la Llama Cósmica de amor y de gratitud; particularmente por el sentimiento de agradecimiento hacia cada átomo de vuestras estructuras físicas que tanto tiempo os ha tolerado. Quiero decir que ha tolerado vuestra angustia de creación humana y vuestra injusticia.

Cuando os dais cuenta claramente de que cada célula de vuestros cuerpos encierra en su centro un pequeño ser de luz y que ha sido amasada la discordia alrededor de estos pequeños seres durante toda vuestra vida; y en vuestros cuerpos sutiles a lo largo de los siglos; ¿pensáis que estos pequeños seres no habrían de estaros agradecidos, si les quitárais este peso de la discordia que les oprime?

Si estuviérais aplastados por un enorme fardo, quedaríais muy agradecidos si alguien os desembarazara de él. Lo mismo ocurre para estos seres, y están ellos prestos a mostraros su gratitud por una mayor belleza, más bienestar y más perfección en vuestras estructuras físicas, atómicas. De esta manera, el sentimiento de gratitud os ayudará a disolver, en las células de vuestro cuerpo, la acumulación amasada alrededor de los electrones, los untos de luz en la estructura atómica. ¿Sabéis lo agradecidas que estarían vuestras estructuras atómicas si solamente quisiéris no imponerles más discordia?¿Sabéis que si vuestras estructuras fuesen liberadas de todo lo que no es la luz, os obedecerían éstas instantáneamente? Cambiarían ellas completamente todo en vuestra ventaja y os revelarían ciertas cosas tras las que vuestros corazones suspiran, y que parece que no quieren aún mostrarse.

¿Cómo no habíais de estar agradecidos si fuéseis súbitamente liberados de todo signo e inconveniente de edad y desgaste? Suponed que Yo os libero (como lo hice con una cierta dama en Inglaterra, en la Edad Media). Suponed que os libero —a todos vosotros—, de todo signo de edad o de sufrimiento y que os devuelva la belleza y el frescor de vuestro dieciséis abriles —si érais hermosos a esta edad—, y, si no lo fuérais, que os hiciera más semejantes a vuestro Cuerpo Mental Superior.

¿Habéis pensado alguna vez en lo que serían vuestros sentimientos si hiciera esto? ¿Habéis pensado alguna vez cuáles serían los sentimientos del mundo exterior con respecto a vosotros si Yo hiciera eso?

Mis bien-Amados: Si un día la Ley Cósmica lo permite —y nosotros esperamos que esto ocurra sin que pase mucho tiempo— necesitaréis una gran expansión interior de gratitud hacia la vida para permitir que se haga esto para vosotros. Muchos de entre vosotros hacen, desde ahora, una gran parte de este trabajo interior y os felicito por ello. Cuando lleguéis a un cierto punto —ahora voy a deciros un secreto— cuando lleguéis a un cierto grado de purificación de vuestra estructura atómica, la acción de la Ley Cósmica va a permitirnos que terminemos para vosotros la última parte muy rápidamente.

Cuando vuestro amor y vuestra gratitud hacia vuestra Bien-Amada Presencia YO SOY y los Maestros Ascendidos, vuestra armonía, vuestra pureza y vuestra benevolencia hacia toda vida por doquier sean una prueba evidente de vuestra gratitud por la conquista de vuestra libertad, entonces podrán permitirse muchas cosas que probarán al mundo exterior la gran verdad del inmenso poder de esta ley, y el mundo entero estará obligado a reconocerlo, le agrade o no.

No está lejos el día en que la duda y el miedo sean consumidos para toda la humanidad, lo mismo que todo egoísmo humano.

Sois vosotros la vanguardia que debe hacer que se manifiesten estas realizaciones y debéis ser el cumplimiento de la ley.

Sois el fermento que introduce en la masa de la humanidad el nuevo modelo de perfección, en realidad, no el nuevo, sino la vuelta al modelo original, por el que se manifestarán de nuevo, a los ojos de toda la humanidad, estos poderes cósmicos que son el dominio, la libertad y la victoria de la luz.

La Ley Cósmica espera esto de vosotros porque, en tanto que estudiantes YO SOY, habéis gozado del privilegio de quedar desembarazados de una cierta parte de vuestra acumulación kármica, que ha sido consumida.

Vuestra corriente de vida poseía, en el Cuerpo Causal, una reserva de una cierta cantidad de sustancia luz que debía ser traída ahora a la manifestación en la Octava física para mantener el equilibrio de las fuerzas de luz en el mundo exterior. A causa de esto y porque habéis tenido el beneficio de una asistencia tan grande, que después de haber investido en vosotros más de nuestra vida, de nuestra energía y de nuestra radiación, la Ley Cósmica espera de vosotros más servicio hacia el resto de la humanidad, para que pueda ésta alcanzar más rápidamente su liberación.

Sabéis que hay una acción de la Ley Cósmica que da a un Maestro Ascendido, o al que esté muy cerca del estado Ascendido, un gran poder de asistencia si puede hablar directamente a la creación humana en o alrededor de un individuo, ordenándole que salga de este ser y vaya a la Llama Violeta. Seguidamente, este ser, si se mantiene armonizado, agradecido y tranquilo durante un cierto tiempo comenzará a mostrar que su Cuerpo Mental Superior ha tomado posesión de sus vehículos y ha instalado su soberanía permanente. Entonces el cuerpo físico deviene más bello y la radiación a su alrededor mucho más potente, porque, si los hábitos destructivos están definitivamente corregidos, el Cuerpo Mental Superior se mantendrá en la forma física la mayor parte del tiempo.

Esta persona manifestará una gran fuerza, una gran luz y un gran poder de asistencia para todos los que se le aproximen, a causa de la radiación de mayores pureza y poder que ella puede emitir, no estando ahora el canal obstruido. He ahí lo que nosotros queremos que lleguéis a ser todos, antes de que llegue el tiempo de hacer vuestra Ascensión.

No os contentéis, mis bien-amados, si habéis llegado a una cierta edad, o si habéis pasado por demasiados sufrimientos o si vuestro cuerpo no parece muy obediente, no os contentéis, digo Yo, con esperar pacientemente el fin. Tomad el mando de este cuerpo y decid: "¡Yo mando que cada impureza de mi carne sea disuelta!" "¡Yo soy el ser libre que mi Cuerpo Mental Superior quiere que yo sea! ¡Mi Bien-Amada Presencia YO SOY y Maestros Ascendidos, dadme vuestra asistencia e, incluso si no me queda que estar aquí sino una semana, que esta semana sea una semana de servicio y que mi cuerpo revele la perfección a la que aspiro!"

Quiero romper el hábito en muchos de vosotros que han pasado la edad media, de aceptar el permanecer a la espera hasta el momento de hacer la Ascensión. ¡No hagáis eso! ¡Seguiríais aceptando limitaciones!

Tomad el mando de estos cuerpos y de cada hábito y cada deseo en ellos que no produzca la perfección y obligadlos a estar agradecidos hacia la vida. Ordenad que lleguen a ser la belleza, la pureza y la perfección que llamáis en manifestación, porque cuanto más llevéis a la perfección en manifestación a través de estas formas físicas ahora, más poder tendréis cuando alcancéis el estado de Ascensión.

De tal manera deseo que los estudiante YO SOY sean tan libres como el aire, que manifiesten el poder de la presencia y de los Maestros Ascendidos en acción hercúlea, si es necesario, hasta dejar estupefactos a todos los que se les aproximen; hasta que todos los seres comprendan que, cuando se entra en contacto con un estudiante YO SOY, hay algo que obra en éste que ningún otro en el planeta posee. Todos vosotros habéis probado esto hasta cierto punto, pero Yo quiero que vayáis más lejos. Le podéis y la Ley Cósmica os dará esta gran asistencia, si comprendéis y manifestáis una mayor gratitud hacia vuestra Presencia YO SOY los Maestros Ascendidos y todo lo que pertenece a la vida por doquier.

¿Sabéis por qué debéis estar agradecidos hacia cada parcela de vida en el planeta? Hay para esto una muy buena razón. No sabéis —ninguno de vosotros lo sabe—, hasta qué punto la corriente de vida de otros individuos contribuye a alimentaros, a vestiros y a que tengáis alojamiento. Pensáis tal vez que poseéis suficiente dinero para esto y decís: "Debo haber satisfecho a la ley, de otra manera no poseería esto". Ello es suficiencia. Habéis probablemente satisfecho a la ley hasta cierto punto, pero no sabéis hasta qué punto habéis tenido necesidad de nuestra asistencia y qué necesidad habéis tenido a la asistencia de otras personas para llegar a hacerlo.

¿Sabéis lo que esto requiere de fuerza física de la corriente de vida de otra persona para guardar vuestros asuntos en estado de limpieza y para alimentar vuestros cuerpos, para daros una casa y aprovisionaros de las cosas que pensáis tener derecho de poseer? Mucha gente dice: "¡Y, bien, todo el mundo tiene estas cosas y yo tengo derecho a una parte!" No dejéis jamás que estos pensamientos tomen posesión de vuestra consciencia. Supongamos que tengáis derecho a ello; si estáis más agradecidos por esto, la vida continuará aprovisionándoos y os dará cada vez más. Pero si tomáis la actitud: "He trabajado duro para lo que tengo, sin esto no lo tendría", ¡tened cuidado; porque váis ciertamente a sufrir un duro golpe que os haga comprender que lo que tenéis lo tenéis por la gracia de Dios!

¿Sabéis lo que es la gracia de Dios? La gracia de Dios es el uso de la Llama Violeta consumidora y el amor que alguien os ha traído cuando estábais tan desgraciadamente atados en las sombras de la creación humana y tan decididos a hacer vuestro camino en la vida que no cuidábais de toda la discordia que estábais creando; pero alguien, en estas horas sombrías os ha amado lo bastante para ser el imán del poder divino que os ha sacado del precipicio de destrucción hasta que pudiéseis oír y comprender bastante para estar definitivamente fuera de peligro. Cada corriente de vida ha pasado por estas experiencias y algunos centenares de veces.

¿Os acordáis que el Bien-Amado Maestro Jesús dijo: "Yo salvaré a todos los que el Padre me ha dado"? ¿Recordáis el banquete en aquella civilización de hace 70.000 años, cuando fue dada la "Copa de Luz Fluida" a muchos de entre vosotros, a casi todos de entre vosotros cuya corriente de vida siempre ha aspirado a la luz, a través de los siglos, incluso en el más profundo peligro, bajo la amenaza de la aniquilación por la segunda muerte? No os acordáis y, sin embargo, vuestra corriente de vida ha llegado hoy al punto de estar aquí.

¿Qué amor es el que la ha salvado?

Os amé entonces, os he amado durante todo este tiempo, os he amado en ciertas horas, cuando estábais prisioneros de condiciones de tal manera destructiva que vuestro Cuerpo Mental Superior mismo no hubiera querido mirar y que nosotros no quisimos ver.

La vida ha sido muy buena para vosotros, mis queridos hijos, por haberos llevado desde tan lejos a la luz. Sin cuidarse de todos vuestros errores, la vida no se ha ocupado sino de llevaros al punto en que vuestra luz pudiera brillar continuamente y en que las sombras no pudiesen más ocultarla. También debéis tomar frente a los otros la actitud que la vida ha tomado con respecto a vosotros. Perdonad y olvidad y cuando un individuo parezca ser incorregible es entonces que tiene más necesidad de vosotros.

Cuando más grandes son las angustias, el peligro y la repulsa, más necesidad tienen los seres de vuestro amor, de vuestra gratitud hacia la vida, de vuestra asistencia, de vuestra ayuda.

Si nuestro amor ha podido persistir a través de los siglos y llevaros hasta la condición en que os encontráis hoy, entonces podéis también desenvolver el mismo gran amor cósmico misericordioso y la gratitud hacia toda vida para que pueda ésta llegar a la luz.

A ciertas personas que son a veces muy poco razonables, decid simplemente: "Olvidemos todo esto y dirijámonos más bien hacia algo que ayude a tu felicidad permanente". Esto es la diusión del Gran Ser Cósmico Caridad —caridad amorosa— que es el sentimiento que os hace dejar de lado los errores y omisiones y decir: "Dame tu mano, entremos en la luz y no miremos más hacia atrás". He ahí el por qué nosotros queremos que seáis agradecidos.

Este día —día de gratitud—, es de mucha mayor importancia desde el punto de vista cósmico que lo que el mundo exterior puede comprender al presente.

No pongáis atención a lo que otros hacen o no hacen, simplemente no tengáis opinión. No tenéis sino que perdonar y olvidar. No sabéis lo que pesa abrumadoramente sobre los demás. No podéis saberlo; no podríais saberlo a menos que fuérais este individuo y viviérais en su propio mundo emocional, pero vuestro deber hacia la vida es el de aliviar por el conocimiento de la ley del YO SOY la carga que ha sido impuesta sobre la vida.

Al dispensar vuestro amor cósmico y vuestra gratitud con una tal intensidad y una tal expansión constante, os podrá ser conferido la superior maestría y los poderes de vuestra presencia y de los Maestros Ascendidos, pudiendo devenir el ejemplo vivo de la ley. Entonces podréis dar la luz y la libertad sin reserva ni consideración, salvo las de proyectar la luz y de liberar la vida de lo que no tiene derecho a la existencia.

Mis queridos hijos: Mi corazón sufriría si esto fuera posible, viendo a los seres humanos luchar, luchar y seguir luchando, aquí abajo, en la necesidad, la angustia, el odio y todas estas condiciones siniestras, cuando por encima de ellos se encuentra esta Poderosa Presencia YO SOY presta a borrar todo lo que es malo y a permitirle vivir como los seres ascendidos tan sólo con que quisieran prestar su atención a la presencia y al coro de los Maestros Ascendidos y ser buenos hacia toda vida.

Nada hay que pueda reemplazar la belleza, la gratitud, el amor, la luz, la libertad, la victoria, y estas poderosas llamas se encuentran todas en la gran Llama Espontánea Cósmica del Gran Sol Central, y esta Llama Cósmica mora en cada corazón humano. En la llama del corazón de cada ser humano se encuentra cada uno de estos poderes que son necesarios para llevar a la manifestación exterior la expansión de la perfección que liberará a la humanidad entera.

Tenéis necesidad de nuestro amor, nuestra protección y nuestra luz para guardaros hasta que alcancéis un cierto punto. A continuación podréis atraer una mayor luz e ir hacia adelante para liberar otras corrientes de vida. Entonces el canto de la gratitud cubrirá la Tierra y las sombras desaparecerán para siempre.

La gratitud es lo opuesto al egoísmo, y para que todos los seres queden liberados es necesario que estén agradecidos hacia los que conocen la luz, los que saben dónde encontrarla, los que saben lo que Ella es y como hay que difundirla.

La responsabilidad os elige para que llevéis esta luz por doquiera que vayáis, con todo el poder y la rapidez posible, para disminuir la destrucción y consumir las sombras que amenazan hundir vuestro país, vuestra bien-amada Argentina.

¡Que la bendición cósmica de esta infinita gratitud, que debe un día cantar por toda la Tierra sus alabanzas a la poderosa presencia y a los Maestros Ascendidos os inunde y os tenga bajo su manto de Llama Cósmica y de protección y haga de vosotros un canto de su presencia que inunde todo de agradecimiento y eleve todo hasta el corazón de la perfección, a fin de dar a toda vida en la Tierra el reposo en el corazón del Elohim de la eterna paz!

Y puesto que el Bien-Amado Jesús es el Príncipe de la Paz, que Él difunda a esta hora su amor cósmico y su paz por el mundo entero. Hoy, potentísimos rayos de luz cósmica han venido a batir y anclarse en la estructura de la Tierra para liberar a la humanidad por una mayor efusión de su luz. Que comprendáis lo que su presencia y la de su Bien-Amada Madre María representan para el Universo y estéis más agradecidos que nunca hacia estos grandes seres. Me inclino ante ellos porque es signo de amor y de adoración, porque es al amor del Bien-Amado Jesús al que debo mi libertad; y difundiré mi amor hasta que todos los seres queden liberados, y vosotros, mi familia de luz, estoy seguro que a vuestra vez, daréis vuestro amor y vuestra gratitud hasta que todos hayan alcanzado la perfección de la Octava de eterna luz y de amor todopoderoso de los Maestros Ascendidos abrazando todo en su victoria suprema para la eternidad.

Os doy las gracias.

Saint Germain

PARTE IV

Descripción del Templo de Luxor

El "Templo de la Ascensión" del Amado Serapis Bey, está situado en el Plano Etérico, cerca de las ruinas de los magníficos edificios construidos por Ramsés II, en Luxor, Egipto.

Subiendo 480 millas el Nilo, río arriba (en el Plano Etérico) se ve el glorioso Templo de Luxor que se destaca de las arenas del desierto y proclama al mundo un esplendor que es poco comprendido por la moderna civilización. Grandes avenidas, bordeadas de pilares, circundan la base de los templos construidos por Ramsés II. Más adelante se llega a un edificio cuadrado, de piedras blancas, que parece estar en muy buenas condiciones. Está rodeado por un alto muro cuyas esquinas soportan, cada una, altas torres. La entrada se hace a través de puertas macizas que dan acceso a un gran patio. El guía llama al guardián y se oyen los sonidos de una melodiosa campana. Las rejas se abren. Entramos en un paraíso de extrema belleza. El contraste entre el desierto árido que llega apenas a dos pies del muro exterior y este glorioso jardín con sus fuentes musicales, con su variado colorido de flores y el brillante plumaje de los pájaros, produce encanto en el ánimo.

Más allá del patio está el Santuario de Luxor, conocido por todo el mundo espiritual como "El Anfitrión" de aquellos que están a punto de terminar su peregrinaje terreno. Cada estudiante que entra al Santuario es llevado a su habitación privada. El moblaje de cada cuarto consiste en una tarima, una pequeña mesa con una botella con agua, una silla y un cobertor en el suelo que parece una alfombra para orar. El cuarto no contiene libros, ni cuadros, sólo hay una pequeña ventana, muy alta, en la pared, que hace necesario encaramarse en una silla para ver cualquier actividad que esté ocurriendo en el patio.

En este pequeño recinto el aspirante está obligado a enfrentarse a sí mismo, sin estímulo mental ni alguna otra cosa, fuera de su guía espiritual (su Cristo) que mora muy hondo dentro de su corazón.

Poco después de ser escoltado hasta esta habitación, el aspirante es llevado ante el jerarca Serapis Bey, cuyo nombre ha significado disciplina, a través de las centurias.

"El es aquel que originó la expresión Espíritu Espartano".

A medida que el postulante sigue al guía hasta la biblioteca y se abren las puertas, sentado, muy derecho, impersonal y solemne, detrás de su gran mesa de trabajo, el maestro lo está esperando. El mensajero se va y el estudiante queda solo frente al jerarca. Cuando su mirada penetra en el corazón del estudiante, éste no puede menos que preguntarse: ¿Por qué habré venido?, y siente como si sus más íntimos pensamientos y sentimientos hubiesen sido esparcidos, encontrándose exteriorizados en aquel recinto. No solamente surgen los sentimientos actuales sino todas las reacciones confusas y experiencias de todas las edades y le parece imposible dominarlos. Parece que volaran por todo el cuarto, llenándolo con sus iniquidades. Finalmente, todo queda al descubierto y ahí queda revelada su naturaleza humana, esperando ser instantáneamente expulsada afuera. Y entonces viene el indescriptible alivio: el Gran Maestro sonríe. ¡Qué dulce es la bendición del Amado Serapis, Señor del Amor y Jefe de la Hueste Seráfica que lleva su nombre! Instantáneamente toda la creación humana desaparece y en su fuero interno el postulante se decide a hacer todo lo que esté de su parte para disolver y transmutar toda esa creación humana, que le pertenece y no volverla a repetir. Así el voto número UNO es expresado voluntariamente.

El Amado Serapis entonces explica que Luxor ofrece todas las oportunidades para el desarrollo de la naturaleza espiritual, pero que no hay otro maestro que la llama de vida, del propio individuo.

Existen allí grandes bibliotecas llenas de volúmenes sin precio, pero no hay nadie que recomiende un solo curso de lectura. Cada uno tiene que contar con la inspiración y la intuición de su corazón.

Hay cantidades de tesoros simbólicos conteniendo secretos, códigos y mensajes inmortales, pero nadie le sugerirá que los examine. Todos los recursos del retiro están a su disposición durante toda su permanencia. Serapis Bey lo despide entonces pidiéndole que disponga por sí mismo su propio curso de estudios y, si después de cierto tiempo Él lo vuelve a convocar, si hay aunque sea un leve adelanto, se puede quedar. Si no, amorosamente él debe irse. Hoy, en el tráfago de la vida diaria, cada aspirante se enfrenta a las mismas experiencias que en este retiro, y así él permite que la Llama Divina en su corazón se expanda y lo dirija a medida que supera cada prueba de su iniciación.

El Templo Interior

Puede continuar su viaje a través del Santuario de Luxor por medio de la consciencia proyectada. El Santuario está construido según el principio de columnas que tanto fueron usadas en Grecia como en Egipto. En un gran cuadrado están colocados 12 inmensos pilares en cada hilera lateral y ocho de profundidad, de manera que parecen grandes cajas, colocadas una dentro de las otras, de mayor a menor, algo parecido a esos tacos de más grandes a más pequeños con que juegan los niños. Cada cuadrado va disminuyendo a medida que uno se acerca al centro, y en esta cámara central es donde reside la Llama de la Ascensión.

En los espacios que hay entre estas hileras de pilares están los compartimientos y corredores en donde viven los varios aspirantes y estudiantes. El corredor exterior es aquel donde son colocados los neófitos cuando llegan a Luxor. La parte mística de estos corredores es que no es necesaria una cortina para separarlos entre sí, porque la luz que emana de cada uno forma una barrera. Aunque los ocupantes sienten la radiación no pueden ver a través, ni más allá.

Las 48 columnas que forman la barrera exterior del retiro, son incoloras, algo así como piedra calcárea. Las siete hileras interiores son de los gloriosos colores de los siete Rayos. Por el hecho de que este santuario es el foco de la Llama de la Ascensión, los colores de los rayos no siguen el orden acostumbrado. Los pilares que forman el cuadrado central son de un blanco cristalino. La hilera de columnas externas son de un exquisito azul zafiro. La próxima fila hacia adentro es oro, la que sigue es rosa, luego la verde, sigue la rubí y la última, antes de la blanca, es la violeta. Cuando el aspirante pasa esa magnífica cámara violeta, llega a ver, cara a cara, la brillante luz blanca que envuelve la Cámara de la Ascensión.

Cada vez que se adquiere cierto desarrollo se avanza automáticamente y cada paso acerca al estudiante a la Llama de la Ascensión. El estudiante sabe que detrás de cada muro de luz tiene lugar una actividad, pero ignora cuál es ella y se asombra cuando se traslada de un corredor a otro y encuentra que hay otras personas como él, funcionando allí dentro.

En la cámara violeta ve los cuatro costados del vasto salón en una luz morada exquisita y, aunque a una persona no ascendida no le es permitido entrar a la Cámara de la Ascensión, sí puede ver a través de la cortina de luz violeta las columnas cristalinas exquisitamente talladas, que forman los muros de la cámara interior. como también el espléndido altar circular de tres pisos que ocupa el centro de esa cámara.

En el último piso hay un bellísimo búcaro egipcio tallado, en el cual arde la amada y maravillosa Llama de la Ascensión.

Cuando el retiro de la Ascensión está activo en el período de 30 días de transmisión de la llama, el jerarca asiste pero todos tienen que estar de pie porque no hay sillas en el Templo. El aspirante y el estudiante tiene que permanecer parados. Esto tiene que ver con la luz que pasa a través de la columna vertebral del individuo de modo que todo el mundo debe estar en pie en el momento de la transmisión de la llama que sale del templo. La Hermandad de Luxor tiene cuidadosamente anotada cada corriente de vida que en el planeta Tierra tiene la posibilidad de ascender en esta encarnación. Se espera que cada estudiante aceptará y reconocerá esta actividad y cooperará con la euforia de su propio mundo sensorio y con el ímpetu añadido que ha sido puesto en acción.

Una Ascensión a la luz, consciente, digna, en pleno dominio de todas las conscientemente transmutadas facultades mentales, anímicas, sensorias y carnales, es la meta natural, dispuesta por Dios, de toda encarnación humana y es la razón por la cual se soporta toda experiencia física, tales como la decrepitud, la desintegración, enfermedad, vejez y muerte ignominiosa, que no son las actividades naturales de la vida.

Pascua y Ascensión

Mis bien-amados: He venido para cumplir las promesas que hice en otro tiempo. Concentráos conmigo y aceptad la emisión más grande del Fuego Sagrado de nuestra Octava que debe venir a la Tierra. Os hace falta más amor para tomar el mando aquí y, si lo aceptáis, sentiréis las bendiciones que este amor aporta y el poder que posee. El amor detenta el único poder real en el Universo; es el poder de transmutación; es la victoria; posee toda la autoridad y dispensa los dones de la vida; asegura la inmortalidad.

Si dije: "Cuando Yo sea elevado, atraeré a toda la humanidad a mí", fue porque había tenido la experiencia del poder milagroso de la Poderosa Presencia YO SOY del Gran Sol Central —ahí es donde está la autoridad— este amor siempre respondió a mi llamada y siempre produjo las manifestaciones deseadas cuando lo llamé en acción exterior.

Debéis aprender a emplear la autoridad y el poder que este amor posee sobre la vida y realizar que la actividad magnética del Gran Sol Central es un poderoso foco de concentración que permite a este amor obrar en la Octava física. Os dará esto, en vuestra acción exterior, el uso de los poderes más grandes de la vida y atraerá una respuesta más rápida a vuestras llamadas.

En lo que concierne al empleo de mi presencia luminosa, podéis proveerme de una copa, en la que pueda Yo concentrar una llama eterna de autoridad y de victoria de la vida que —YO SOY— en tanto que Jesucristo Ascendido. Cuando guardáis claramente la visualización de mi presencia luminosa en vuestra consciencia o la situáis alrededor de un individuo, de un conjunto de circunstancias, de una nación o del mundo, me dáis la posibilidad de concentrar ahí una llama viviente; la llama de honor de la Poderosa Presencia YO SOY del Gran Sol Central, cuyo amor milagroso sostiene todo el Universo.

Si comprendéis esto, practicaréis esta visualización. Disponéis con ello de un gran poder que deseo veros emplear y me daréis así la ocasión de hacer obrar el poder de la actividad magnética del Gran Sol Central, a fin de elevar todas las corrientes de vida por encima de su creación humana, como así lo prometí en otro tiempo.

Comprended bien que, en la presencia luminosa de mí mismo, o de un otro Maestro Ascendido, podemos concentrar una acción del Fuego Sagrado cargada del poder magnético del Gran Sol Central, que inmediatamente comienza a alzar la acción vibratoria de la persona o de la cosa, envueltas en la presencia luminosa y que así quedan desconectadas de la sustancia y del sentimiento que provocaría la limitación humana.

Estamos aquí en presencia de poderosas leyes cósmicas de las que os habéis hecho conscientes y estoy presto, con vuestra cooperación, a intensificar el poder que puedo concentrar, a fin de liberaros más rápidamente de las limitaciones y de los errores del pasado. Y si queréis aceptar el don de mi presencia luminosa, envolviéndonos mientras que me escucháis, lo mismo que a todos los que están bajo esta radiación, la llama de mi corazón estará en mi presencia luminosa. Por conocer esta ley, he dicho a la humanidad: "Pedid al Padre lo que deseéis, en mi nombre, y Él os lo dará". ¡Yo conocía el poder del Fuego Sagrado! ¡Yo conocía el poder de la ley de la Poderosa Presencia YO SOY!

Si reconocéis y cargáis el poder magnético del Gran Sol Central en mi presencia luminosa atraeréis a vosotros, ya sea de nuestra Octava o del mundo físico, todo de lo que tenéis necesidad para el cumplimiento del Plan Divino. Esto os liberará de lo humano y hará de vosotros los seres divinos que deberíais ser en este mundo, manifestando la invencible y milagrosa victoria del Fuego Sagrado. ¡Juntos, entraremos en la libertad eterna! Estoy decidido a daros esta asistencia porque sois la familia de la libertad de Bien-Amado Saint Germain. Estoy decidido a dar, a los que han quedado fieles a su lado, todo lo que la vida me ha otorgado.

Sentid profundamente esta radiación que os envuelve con un poder invencible y manifiesta por vosotros la victoria de nuestra Octava en la vuestra. ¡Yo estoy presto si vosotros lo estáis! Y el mundo, que ha renegado de mí, me aceptará ahora.

Recordad que, como Chohan del Rayo de Oro, detento una cierta autoridad sobre la Tierra —Bien-Amado Saint Germain igualmente—; lo mismo que la Diosa de la Justicia, que está presta para ocuparse de los asuntos nacionales y a mostrar a los humanos lo que significa la justicia divina hacia la vida.

La ignorancia humana debe ser consumida, mis bien-amados. Los seres cósmicos que han creado y mantenido este planeta; que operan la redención de éste, ya no están más dispuestos a tolerar en adelante la revuelta y el desafío de los humanos amarrados en la oscuridad de sus propios errores.

Quiero que sepáis y que miréis el porvenir con la autoridad divina, el poder del Gran Mandamiento —el amor del corazón de Dios y la libertad de la vida. Todo esto está a vuestra disposición si lo deseáis. Pero vuestra decisión no puede ser solamente intelectual. Vuestra decisión debe tomarse con vuestro corazón, es decir, con todo el ardor de vuestra llama de vida. Debéis quererlo con toda vuestra alma, es decir, con toda la energía de vuestro cuerpo de deseo; con toda vuestra fuerza, es decir, con toda la vida acumulada en vuestro Cuerpo Causal por el uso constructivo de vuestra vida durante los siglos transcurridos.

Si decidís, con toda la fuerza de vuestros sentimientos, no cometer ya más error ni tener algo que corregir, si decidís que no queréis ya más oír hablar de problemas que entran en acción para ejecutar esta orden. Si mandáis que vuestro entorno sea purificado, puesto en orden divino y desconectado de lo humano, entonces Dios aceptará vuestra esfera de acción. Tomará Él posesión de todo y la plenitud de la Presencia YO SOY —Dios-en-acción— manifestará la llama del Gran Sol Central en vosotros y en vuestros asuntos.

Ha llegado la hora en que los humanos deben adquirir la comprensión consciente del empleo del Fuego Creador divino, el Fuego Sagrado del amor milagroso que siempre crea la perfección; que siempre protege lo que viene de Dios y que posee la autoridad soberana sobre toda energía en el Universo.

He ahí la ley de la vida.

Si unís a la afirmación: "YO SOY, YO SOY, la resurrección y la vida", que ya os di, la visualización de mi presencia luminosa comprendiendo realmente que Yo centro ahí dentro no solamente la lama de mi corazón, sino la plenitud de la perfección de mi resurrección y de mi Ascensión cargadas por poder de la atracción magnética del Gran Sol Central, sentiréis como una llama de vida en vosotros —las veréis obrar en vosotros— recibiréis su bendición y tendréis su victoria obrando en vuestros asuntos.

Yo sé de lo que soy capaz; Yo sé lo que mi amor puede hacer; Yo sé lo que Él ha hecho ya; Yo sé lo que haré aún y; YO SOY la autoridad; YO SOY la Presencia; YO SOY el eterno poder de mando.

He ahí por qué hace tanto tiempo que dirigí vuestra atención hacia el poder magnético del Gran Sol Central, la comprensión del cual os permitirá elevar para siempre toda la energía de vuestra corriente de vida por encima de la discordia. Podéis poner toda vuestra esfera de acción y toda vida por encima de la discordia cuando dáis el mandato. No estáis, por consiguiente, a merced de la creación humana. Os recuerdo vuestro derecho divino de nacimiento y cómo Yo represento el poder magnético del Gran Sol Central hacia la Tierra; YO SOY, YO SOY el Fuego Sagrado del amor milagroso que puede atraeros a la victoria del corazón divino.

Si estáis tan determinados a ser libres como Yo lo estoy para daros la libertad. ¡Entonces, la tendréis! Vamos hacia adelante, mis bien-amados, conscientes de vuestra autoridad divina del Corazón de Dios. Sois la llama del corazón divino, ¡reconoceos como tales!, y el poder de la luz manifestará su perfección por vosotros y en vosotros.

Proclamo esto para toda vida en este mundo. Porque la luz cósmica comienza a inundar el planeta con una mayor intensidad, y toda vida humana o en otra forma siente este influjo. Cuando el Fuego Sagrado se manifiesta en diversas partes del planeta, la vida en todos los seres la siente y los humanos comenzarán a comprender lo que el Fuego Sagrado representa para la Tierra. Cuando los humanos vuelven su atención hacia mí y piden participar en la victoria cósmica y en la comprensión de Jesucristo Ascendido, en lo que concierne a todo lo que el Fuego Sagrado representa para la vida, entonces esta realización llegará a ser viva en ellos. Cuando vuestro deseo de conocimiento viene hacia nosotros, atrae en respuesta una llama de nuestro amor —es como si aventaséis una llama hasta convertirla en una gloriosa hoguera. Como hijos de Dios, tenéis el privilegio de recurrir a nosotros —poséeis esta autoridad como una llama del corazón de Dios. Tenéis la oportunidad de ello porque habéis sido escogidos para difundir en el mundo este conocimiento del YO SOY. Los grandes mandatos y las afirmaciones que di antiguamente no son palabras vanas.

"YO SOY, YO SOY, la puerta abierta que nadie puede cerrar", constituye igualmente una alusión al poder magnético del Gran Sol Central. Porque una puerta abierta no tiene batientes para que pueda ser cerrada, tiene forma de arco como un imán que atraerá a los humanos al reino de la luz.

Los humanos han oído todo esto pero no han penetrado en su significación, porque para comprenderlo es indispensable estar envuelto por la iluminación, la radiación, la Llama de Amor de uno u otro Maestro Ascendido o ser cósmico que aísle al yo exterior, apartando la creación humana durante el tiempo necesario para que la Poderosa Presencia YO SOY del individuo pueda hacer penetrar la comprensión en el intelecto. Es necesario que la explicación de la ley sea dada al mundo exterior y sea aplicada en los asuntos físicos, en los gobiernos, en el comercio, en la mente y los cuerpos hasta que la llama divina haya tomado una expansión tan intensa que consuma la creación humana que ha oscurecido la mente humana y que tiene al sentimiento esclavo de la destrucción.

Cuando dije: "¡Todo lo que he hecho, vosotros lo haréis y más grandes obras haréis!", presentaba Yo a los humanos el imán de la esperanza eterna a fin de hacerles volver la mirada hacia los cielos, de donde vendría la respuesta. Todo lo que constituye su angustia sería aniquilado y podría levantarse consciente del derecho divino de nacimiento de su llama de vida, ¡volverse hacia Dios y ser libres de nuevo!

Dadas las terribles condiciones de impureza, de discordia y de deshonor que han sido creadas en ciertas actividades del mundo exterior, los que entre vosotros se han convertido en una extensión de mi llama, de la llama de mi corazón, de mi potestad y del poder de mi victoria sobre este mundo, igualmente se han convertido en una parte de la llama del corazón de Bien-Amado Saint Germain y de la victoria de su liberación de todas las limitaciones humanas que las hordas de las tinieblas tratan de imponer al mundo.

Os corresponde saber que el destino del Fuego Sagrado y de los poderes milagrosos de los Maestros Ascendidos no pueden emplearse sino para manifestar la perfección. Esta perfección debéis hacerla descender en la Octava física, si queréis vivir en libertad; si queréis venir en ayuda de la humanidad. ¡Os aseguro que el Plan Divino para este mundo no es la desgracia y la destrucción que las hordas de las tinieblas tienen la intención de hacer reinar en él!

Os aseguro que este mundo está llamado a hacer la Ascensión en la luz. Es necesario que la vida, la sustancia y la energía sobre la Tierra, dentro de la Tierra y en su atmósfera, sean alcanzadas en la acción vibratoria de la Octava de los Maestros Ascendidos.

Cuando dije: "¡YO SOY, la luz de este mundo!", lo pensaba Yo, lo pienso aún y ¡"YO SOY" ahora también la luz de este mundo! Sólo a vosotros corresponde daros cuenta de cómo podemos estar íntimamente unidos por la visualización de mi presencia luminosa alrededor de vosotros —sintiéndonos envueltos en la llama de mi corazón; en la llama de mi victoria; de mi poder en acción; de mi amor que es la autoridad consciente y eterna—. ¡Por medio de estas llamas estoy presente en vosotros!

Mis bien-amados: El poder del Fuego Sagrado debe penetrar ahora en ciertos sectores de este mundo. Mis poderes del Fuego Sagrado pueden penetrar en vosotros; los poderes de mi amor milagroso están a vuestra disposición, ¡podéis emplearlos! Mi vida puede obrar en vosotros, tan cierto como que la vida del Sol físico desciende sobre la Tierra y podéis llegar a ser un "Sol del poder milagroso de Jesucristo Ascendido". Mi victoria de Cristo Cósmico vivirá en vosotros y la luz que "YO SOY" se manifestará por vosotros. La libertad y el cumplimiento del Plan Divino que deseáis serán vuestros si les ordenáis que se manifiesten por el Fuego Sagrado que "YO SOY". La potestad de mi amor y de mi victoria sobre todo en este mundo vibran en mi presencia luminosa cargada del poder del Gran Mandamiento y de la atracción magnética del Gran Sol Central y se revelarán en vosotros y en vuestros asuntos y confirmarán la verdad de lo que os digo El Fuego Sagrado debe llegar a ser la ley para la Tierra. Sois vosotros los seres que tienen el derecho y el cetro del poder que permite emplear los poderes divinos del Fuego Sagrado para la purificación de las condiciones de vida en el planeta, que debe manifestar la perfección.

Si comprendéis que sois la "voluntad del pueblo", ¿no véis que llegando a ser "mi voluntad" en acción, no puedo querer para todos sino una liberación de la creación humana? Si llegáis a ser la voluntad de mi libertad y de mi victoria sobre todo en este mundo, entonces esto tendrá que ser la ley para vuestra nación. ¡La voluntad del pueblo es la ley! Si pedís que la voluntad de los Maestros Ascendidos se convierta en la ley para vuestra nación, entonces tendréis la prueba del amor de ellos; como ha sido, es y será grande, sólo este amor purificará las condiciones que han torturado y destruido a los humanos durante tantos siglos.

¡Os conjuro para ello, mis bien-amados! Decretad lo que os indico y de ello resultará una tal expansión de luz para vosotros y tales bendiciones para la nación, que el pueblo percibirá que el tiempo de los milagros no ha pasado ni pasará jamás.

Podéis ser la presencia milagrosa de curación para vuestro prójimo; podéis ser la presencia de la iluminación que consume todas las tinieblas; podéis ser nuestra consciencia de la vida que hace brotar la luz por doquier las tinieblas han tratado de infiltrarse.

Tenéis la plena autoridad, tenéis los plenos poderes; tenéis la comprensión necesaria y, puede añadir, tenéis la responsabilidad y vuestro deber está claramente trazado.

Después de haber recibido el grado de libertad de que gozáis; después de haber sido envueltos por el amor de vuestro Poderoso Saint Germain y de los otros Maestros Ascendidos tenéis una deuda hacia la vida. El amor de los grandes seres os ha llevado suficientemente lejos en la luz y ellos os han colmado de las bendiciones de su Octava; corresponde ahora a vosotros intensificar la luz en vosotros, a fin de llegar a ser un imán que atraiga al resto de la humanidad fuera de las tinieblas que no son sino una angustia.

¡Nuestro amor os ha elevado, ahora vuestro amor debe elevar a la humanidad y toda vida, a fin de que todos vuelvan hacia el coro de los Maestros Ascendidos y reconozcan que estos son los hermanos, los instructores y la gran presencia divina que eleva todo, en la gloria y la perfección de la Ascensión, a la Poderosa Presencia YO SOY!

Bien-amados del corazón divino: no cesaré de atraer vuestra atención y de haceros sentir mi presencia luminosa, la llama de mi amor, mi poder de la acción magnética del Gran Sol Central, a fin de apartaros lejos de vuestros errores, de vuestros problemas, de vuestras limitaciones y de todo lo que no es divino.

He ahí que la puerta está ampliamente abierta y el camino ante vosotros conduce hacia la perfección eterna; la felicidad sin mezcla y la liberación de todas las limitaciones que habéis experimentado.

Penetrad por la puerta abierta que YO SOY, y emplead mi poder milagroso de la vida, mi victoria de amor eterno, mi autoridad y mis poderes del Gran Mandamiento, a fin de hacer triunfar la victoria del Cristo Cósmico en la Octava física ¡y que esta luz sea tan evidente que toda sombra se desvanezca para siempre!

YO SOY, Yo estoy, siempre con vosotros, en mi presencia luminosa, en el Fuego Sagrado de mi amor cuya es la llama que os envuelve.

¡Estoy realmente con vosotros! ¡Y las palabras que cantáis en el "Yo he venido" las ejecuto hora tras hora, si verdaderamente tenéis deseo de ello! Id hacia adelante hoy mismo: no esperéis para liberaros de todas las limitaciones; por mi presencia luminosa podéis obtenerlo todo.

¡La vida es infalible!

¡YO SOY, YO SOY la inmortalidad del Cristo Cósmico victorioso! También cuando dije: "Yo estoy en vosotros, vosotros estáis en mí y juntos estamos en el Padre, el Poderoso YO SOY", sabía Yo lo que mi amor puede hacer por vosotros: sabía lo que vuestro amor puede hacer uniéndose al mío; sabía lo que el Fuego Sagrado de esta Poderosa Presencia YO SOY que llena el Universo de su luz, puede hacer para crear la perfección.

Vuestra identidad es eterna; vuestro destino es perfección; poseéis la autoridad desde el comienzo de los tiempos y el Fuego Sagrado es el poder milagroso de la vida. La gloria de su amor eterno es la ley de la manifestación. Id, por consiguiente, hacia adelante y manifestad de lo que sois capaces.

¡Dejad que la maestría del Fuego Sagrado se revele por vosotros. Sed los testigos de la verdad de esta enseñanza de la ley hasta el día en que Yo venga, en persona, acompañado del coro de los Maestros Ascendidos! ¡Que la victoria del amor del Fuego Sagrado os envuelva; que la luz del corazón divino ilumine vuestro camino. Manifestad la perfección y colmad el mundo de esta felicidad que debe venir para atraer a todos los seres al amor del corazón divino, y que todos encuentren al fin refugio en este corazón!

Que las presencias angélicas que me asistieron en la conquista de mi victoria os acompañe siempre y por doquier; que ellas os eleven y os atraigan por la llama de amor de su corazón a la Octava de los Maestros Ascendidos. Que entréis en las legiones angélicas y sirváis por este amor que es infalible en todo el Universo.

Los ángeles son la perfección, la autoridad y el poder ilimitado del amor manifestado. No piden sino asistiros. ¡Siempre me acompañan y permanecerán así de cerca de vosotros, hasta que la Tierra sea ascendida en la gloria de la libertad eterna!

¡Hasta la vista! ¡Os amo y os bendigo!

Jesús

La plenitud de la presencia vierte sobre nosotros su amor indispensable. La plenitud de la presencia nos da todas las cosas deseables.

Saint Germain

Dispensación para la Ascensión

Queridos Hijos de la Luz: Deseo haceros ver y sentir la recompensa que la vida acuerda a algunos de vosotros, cuya corriente de vida lo permite.

En las edades pasadas, no podía cumplirse la Ascensión sino llevando el cuerpo físico purificado al Cuerpo Mental Superior. Por la intercesión de la Diosa de la LUZ, de la Diosa de la LIBERTAD y del Poderoso Victory, que se dirigieron a Sanat Kumara, obtuvieron un don de amor que se ofrece a la humanidad de la Tierra: es decir que, para ciertos estudiantes que serían incapaces de completar la Ascensión antes del momento final de su presente incorporación, la esencia purificadora del cuerpo físico será absorbida por el cuerpo etérico. De esta manera, podrán hacer la Ascensión abandonando la estructura exterior, que es la discordia de la forma humana. Esta asistencia constituye el más grande y magnífico ofrecimiento a la humanidad. ¡Es formidable! Ahí tenéis lo que la vida os ofrece en compensación de vuestro esfuerzo sincero y de vuestra obediencia a sus leyes.

Ascensión

Ciertos estudiantes se han imaginado que la Ascensión podía cumplirse después de la así llamada muerte, ¡pero esto es imposible, porque la llamada para la Ascensión debe hacerse a la Poderosa Presencia YO SOY y a los Maestros Ascendidos durante la vida en el plano físico! No podéis hacerla de otra manera y nadie lo ha hecho jamás. Cuando se corta la corriente de energía vital, se retira de vuestros corazones y de vuestros cuerpos y estas formas quedan abandonadas. Su sustancia se desintegra y vuelve a lo universal de donde vino.

No véis como nosotros, que la sustancia y la fuerza electrónica en la atmósfera son idénticas a la sustancia de que se componen vuestros cuerpos antes de cargarse de las descalificaciones humanas.

No es esto algo excepcional, deseo que penséis en ello y que sintáis esta pureza que es vuestra.

Queridos hijos de la LUZ: tenéis actualmente la ocasión de retirar de vuestros cuerpos bastante sustancia purificada para elevaros en vuestros cuerpos de juventud eterna. ¿Os dais cuenta de lo que esto representa? Disolviendo por la Llama Violeta lo que vuestras corrientes de vida hay de indeseable, podéis un día mirar hacia atrás y no ver sino la belleza y la perfección de vuestras realizaciones y llevar este recuerdo a vuestros cuerpos eternos de LUZ. Se dice que Moisés fue arrebatado en un carro de fuego, porque ese era el concepto de la época. Cada uno es elevado en este fuego de purificación que origina la gloria y la perfección de la vida, que transmuta vuestros cuerpos purificados en cuerpos eternos de LUZ.

Sabéis que vuestro cuerpo mental superior es el Cristo. En mi cuerpo físico, Yo era Jesús, el ser físico. Mi cuerpo mental superior era el CRISTO que Yo esperaba alcanzar y cuando me descendieron en la tumba, quedé envuelto en su majestad, su presencia y su poder. Cuando resucité, Yo era mi cuerpo mental en acción. Después en el día de mi Ascensión, llegué a ser Jesús-CRISTO Ascendido al entrar en esta gran presencia, mi propio Poderoso YO SOY poseedor de toda autoridad sobre toda sustancia y energía del planeta.

De esta manera es como cada uno realiza la Ascensión. El amor de vuestro Bien-amado Saint Germain por mí es el que le hizo ganar la victoria de su Ascensión. Vuestro amor por él y por mí os ayudará a hacer vuestra Ascensión, y recordad, queridos hijos de la LUZ, que no son estas vanas promesas. La dispensación obtenida para vuestra Ascensión entra en acción cuando uno de nuestros queridos estudiantes llega al momento del tránsito para pasar. El ángel de la presencia vela siempre y la asistencia requerida se da.

No os inquietéis por la manera en que el tránsito se cumple. No os inquietéis por el cuerpo, la forma vacía, la envoltura externa.

Guardad vuestra atención fija sobre la finalidad: La Ascensión y la gran sabiduría de la presencia se ocuparán de todo lo restante.

Dado que vuestro cuerpo mental es el que dirige las potentes corrientes de energía la luz y la inteligencia que os librarán, cumplirá el servicio a vuestras llamadas.

Vuestras posibilidades de éxito son grandes y dejadme que os anime a aplicar esta ley con todo el ardor de vuestro ser. No escuchéis las palabras discordantes pronunciadas contra esta actividad YO SOY, sino perseverar como si subiérais una escalera con peldaños de luz hasta el corazón de vuestra presencia. Visualizar esto, haced de ello una imagen mental clara y potente. Ved estos peldaños como os conducen al corazón de vuestra presencia. Cada noche, antes de dormiros y cada mañana, al despertar, visualizaos subiendo estos PELDAÑOS DE LUZ, Y POR VUESTRAS LLAMADAS a vuestra Poderosa Presencia YO SOY, quedaréis repentinamente desembarazados de vuestra envoltura humana, ¡elevándonos a la gloria y la victoria de la luz: la Ascensión!

La Alegría de Jesús

¿Por qué el mundo no puede pensar que YO SOY práctico?

¿Por qué jamás se ha hablado de la alegría que expresaba Yo con tanta frecuencia?

¿Por qué se me ha representado con un largo rostro sin una sonrisa?

La alegría y la comprensión de la vida dan la felicidad, mis queridos amigos, y es difícil ser feliz sin una sonrisa ¡Puede una sonrisa tener tanto poder!

Ascensión

Los Maestros Ascendidos han explicado que la Ley de la Vida exige que se de una cierta cantidad de energía por esfuerzo personal, viniendo del lado físico de la existencia, para alcanzar la Ascensión. Esta proporción es al menos, de un tercio de la energía de la sustancia requerida.

Siempre, en la incorporación en la que la Ascensión se cumple, recibe de un Maestro Ascendido el estudio de las instrucciones que ahora se dan en la Instrucción YO SOY.

1) El conocimiento claro y preciso de la Poderosa Presencia YO SOY.

2) El empleo del verbo creador YO SOY

3) El empleo consciente de la Llama Violeta consumidora.

Durante los años, meses o días que preceden a la Ascensión, el cuerpo mental superior y los Maestros Ascendidos que dan su radiación, absorben gradualmente la sustancia purificada de la forma física en el cuerpo mental superior. Cuando la retirada final de la Luz la energía vital del cuerpo físico, tiene lugar, el cuerpo etérico abandona la carne, los restos no son sino una apariencia. El cuerpo etérico compuesto de la sustancia rara del elemento Tierra, contiene los registros de todas las experiencias de todas las incorporaciones. En el momento de la Ascensión todos los registros discordantes son aniquilados. Por el empleo consciente de la Llama Violeta Consumidora esta operación se pone en marcha y se termina finalmente con la ayuda de uno o varios Maestros Ascendidos. Por la cremación la discordia de la carne se consume igualmente en el elemento Tierra.

A veces, transcurren varios años entre el principio y la conclusión del proceso de la Ascensión. Deberían concentrarse los estudiantes, con la mayor frecuencia posible, sobre la idea de la Ascensión y dar alabanza y gratitud conscientemente por la posibilidad de esta realización. Al despertar, el primer pensamiento deberá ser la alegría de estar un día más cerca de la Ascensión. Es preciso adquirir el hábito de cargar toda la energía y la sustancia de vuestro ser con la Victoria de la Ascensión.

No hay Muerte

Mis bien-amados: Cuando encontréis a alguien dispuesto a escucharos, declarad siempre que no hay muerte. Es algo inexistente en la historia del Universo. Conceptos humanos desviados han oscurecido el intelecto, hasta el punto en que los seres humanos han imaginado toda serie de cosas. En ondas sucesivas, la Luz ha revelado a la humanidad que no hay muerte.

El ser que ha abandonado este plano, no ha hecho otra cosa que cambiar su revestimiento, como hacéis vosotros al pasar del invierno al verano; abandona aquél una vestidura pesada por un vehículo más ligero que le da una mayor libertad.

¡Qué hermoso es esto, mis queridos corazones!

El desprecio y la incomprensión de esta realidad ha arrastrado a la humanidad a crearse una pena y una tragedia espantosa. Al contrario, es una alegría saber que los humanos, por el paso a envolturas de sustancia más refinada, quedan momentáneamente liberados de la discordia terrestre. Que nunca os desanime el tránsito de un ser querido, al contrario, bendecid a la misericordia divina el concederle un período de vida en una esfera donde hay más Luz.

Gran Director Divino

Ruego a todos los estudiante serios que me hagan un favor: el de no permitir a su atención que se detenga ni un sólo instante en la idea de la muerte durante los seis meses próximos, no hay muerte en todo el Universo. Muchos seres en la Octava humana lo creen. ¡Pero esto es un error! Os lo ruego, vigilaos y no permitáis que la idea de la muerte ocupe vuestros pensamientos, ni un sólo instante.

Victory

La Ascensión es tan práctica como el motor a esencia, porque es la Ley de la Vida. Del lado físico no podríais realizarla incluso en un millón de años, pero vuestras llamadas a vuestra Presencia YO SOY pueden cumplirla por la acción de vuestro Cuerpo Mental Superior.

Pero es necesario ser prácticos y que continuéis dedicándonos a vuestras ocupaciones. Os dejarán el tiempo suficiente para que podáis decir docenas de veces: ¡Poderosa Presencia YO SOY, encarga a mi cuerpo mental superior elevarme en la Ascensión en esta vida misma sin pasar por el cambio llamado muerte, y haz que esta actividad sea permanente! Estas llamadas silenciosas pueden hacerse durante toda la jornada.

Vuestro Cuerpo Mental Superior oye todo, y, con la fuerza y la sustancia de estas llamadas, puede realizar rápidamente vuestra Ascensión. Permaneced conscientes en vuestras llamadas, que es vuestra Poderosa Presencia YO SOY el poder del Universo, el que os eleva al disolver la parte densa de vuestra estructura de carne y al absorber en el Cuerpo Mental Superior la parte sutil, después al elevarse el Cuerpo Mental Superior al cuerpo electrónico, es cuando la Ascensión está cumplida, haciendo de cada uno de vosotros un Maestro Ascendido, un ser liberado de toda limitación.

Os revisto del manto de la radiación de los Maestros Ascendidos; que, de ahora en adelante, vuestra carne exhale el perfume de los lirios y de las rosas, no tocada por la discordia humana; colmados de esta Poderosa Presencia y de su poder que es la actividad de perfección ejecutando todas vuestras llamadas, elevándonos después en el éxtasis de vuestra Ascensión, ¡Libre para siempre!

Saint Germain

Ascensión

Millares de estudiantes que en tiempo ordinario pasarían por el cambio llamado muerte, tendrán la posibilidad de hacer la Ascensión gracias a la dispensión que ha sido acordada.

Dad orden a las personas de vuestro entorno que, en el momento de la apariencia de la muerte, se conserven vuestros restos (en hielo si es posible) durante tres días, pasándolos después por la incineración y sin que nunca sean embalsamados.

Gran Director Divino

La Victoria de la Ascensión

La victoria de la Ascensión consiste en transformar vuestras corrientes de vida individual en un foco, siempre intensificándose, de resplandeciente luz blanca. Cuando la aceptación, la constatación y el sentimiento de esta luz alcancen un cierto grado, su acción vibratoria eleva e ilumina toda la sustancia terrestre que habéis fijado en vuestros cuerpos.

Jesús

Ascensión

Es necesario que todos los estudiantes comprendan claramente cuál es la acción del Elementó Fuego en el proceso de la Ascensión, tanto bajo la antigua como la nueva dispensación.

La purificación de la estructura atómica del cuerpo se hace por el empleo consciente del Elemento Fuego. En toda Ascensión, no hay nunca sino la sustancia purificada del cuerpo físico que es elevado a la Octava de vida de los Maestros Ascendidos porque nada de impuro puede existir en la tasa vibratoria de esta Octava de vida.

Como es Bien-Amado Jesús el que ha creado el registro etérico de la Ascensión, debemos referirnos al proceso de su Ascensión para saber como las Ascensiones se cumplían bajo la antigua dispensación.

Durante la crucifixión, la consciencia de Jesús se había retirado al Cuerpo Mental Superior. Después de depositado en la tumba, proyecto Jesús por la cabeza, el corazón y las manos del Cuerpo Mental Superior, la llama de su propia corriente de vida en la carne de su estructura física. Su maestro, el Gran Director Divino. asistía a Jesús. Un Rayo de la Luz Cósmica de su Octava de vida envolvió a Jesús, lo mismo que las llamadas que Jesús proyectaba en su Cuerpo Mental Superior y le aislaba de la acción vibratoria de la atmósfera terrestre hasta el momento en que todos los puntos de luz de la estructura del cuerpo de carne fueron absorbidos por el Cuerpo Mental Superior, mientras que la sustancia que revestía a los electrones era disuelta y devuelta a la sustancia universal. Cumplido esto, Jesús salió de la tumba y circuló en su Cuerpo Mental Superior; de ahí las palabras dirigidas a María Magdalena: "No me toques. porque YO no he subido aún hacia MI PADRE" (La Poderosa Presencia YO SOY: el cuerpo electrónico). Transcurrieron cuarenta días entre el momento de la resurrección y el de la Ascensión. El día de la Ascensión. el Gran Director Divino y los otros Maestros Ascendidos que daban su asistencia, proyectaron de su Octava el gran rayo de luz, envolviendo a Jesús en su Cuerpo Mental Superior. La actividad de este rayo de luz obró como un potente imán de la sustancia del Cuerpo Mental Superior de Jesús y le hizo elevarse a la Octava de luz y penetrar en su cuerpo electrónico de la Poderosa Presencia YO SOY. Jesús realizó así la inmortalidad de la presencia divina individualizada. En este estado de consciencia de vida eterna, permanece Él al servicio de la humanidad doliente e irradia sin cesar a todos los que invocan sus rayos personales de luz en respuesta a sus llamadas; dando con sabiduría la asistencia requerida para el cumplimiento del Plan Divino de sus vidas individuales y del planeta.

Bajo la nueva dispensación, la totalidad de la estructura física no debe ya ser purificada y absorbida por el Cuerpo

Mental Superior. Con esta diferencia de que la carne es devuelta a lo universal por la acción del fuego físico (cremación) y por la acción más lenta de la fuerza de los otros elementos, el resto del proceso sigue siendo semejante a lo que hizo Jesús, y, para él, por el gran Director Divino, los otros Maestros Ascendidos y los ángeles. Es en este sentido en el que podemos interpretar las palabras de Jesús; "Las obras que YO hago vosotros las haréis y mayores".

La Ascensión de David Lloyd

(Misterios Develados y Discursos de David Lloyd)

La luz líquida precipitada que llenaba la "Copa de Cristal" que se formó en la mano de Bien-Amado Godfré (Mr. Ballar) era una concentración de sustancia-luz electrónica dada por el Cuerpo Mental Superior de Godfré y por Saint Germain.

Al absorber este líquido, fue considerablemente aumentada la tasa vibratoria del cuerpo de carne y los electrones (puntos de luz) comenzaron a elevarse al Cuerpo Mental Superior que envolvía la forma física.

Cuando la "Copa de Cristal" fue ofrecida por segunda vez, la sustancia-luz líquida provocó una nueva elevación de la tasa vibratoria del cuerpo de carne y la gravedad perdió su poder sobre este cuerpo cuyo contenido electrónico había sido intensificado. Esta acción del Elemento Fuego consumió la densidad que revestía los electrones (la carne) y la estructura se puso a levitar bajo la potente acción del Cuerpo Mental Superior. No cesando de incrementarse la luz, toda traza de edad o de imperfección fue consumida y la sustancia lo mismo que el revestimiento del Cuerpo Mental Superior absorbieron lo que quedaba del cuerpo físico.

Asistido por los grandes rayos de luz proyectados por los Maestros Ascendidos y los ángeles que estaban presentes, el Cuerpo Mental de David Lloyd fue atraído a la Octava de luz de los Maestros Ascendidos y penetró en el cuerpo electrónico de su propia Poderosa Presencia YO SOY como lo hizo JESÚS. Es, por consiguiente, eternamente libre y maestro o señor de toda energía y sustancia de este mundo.

Ascensión - Asunción

Antigua dispensación: Bien-Amada María, Juan el Evangelista, Saint Germain, Lahirí Mahasaya.

Shri Yukteswar-Yogananda-Abdel Wahed Yahia, centenares de estudiantes YO SOY han realizado la Ascensión bajo la nueva dispensación.

Ciertos estudiantes liquidan Karma astral en la 7ª Esfera (Biranyaloka) donde Shri Yukteswar da su misterio, y, en general, no deben ya más tener un cuerpo denso.

Directivas Prácticas para la Ascensión

1) Hacer cada día, varias veces, la llamada de Ascensión.

2) Calificar todo en razón de la Ascensión.

3) Visualizar los electrones en las células del cuerpo.

4) Visualizarse en la silla electrónica de la Gruta de Los Símbolos, en el Colorado.

5) Prestar cada día atención a la Gruta de Luz en la India.

6) Visualizar el Óvalo de Luz y hacer llamada a *DAVID LLOYD*.

7) Releer los diferentes discursos que conciernen a la Ascensión.

8) Visualizar la acción magnética del Registro Etérico de la Ascensión de JESÚS. (Colina de Bethania).

El GRAN DIRECTOR DIVINO ha concebido nuevos cuerpos de sustancia-luz, ligeramente inferiores en perfección a los de los Maestros Ascendidos. Estos cuerpos servirán a la humanidad durante la permanente Edad de Oro y de Cristal en la Tierra.

Observaciones Concernientes a la Resurrección y Decretos de Ascensión

El Bien-Amado Maestro Jesús dice:

Meditad profundamente en lo que sigue: YO SOY la puerta abierta a través de la que nada puede venir, salvo los Maestros Ascendidos y su invencible perfección, porque YO SOY, la puerta abierta que nada humano puede cerrar. La afirmación: "YO SOY, la resurrección y la vida", os da la posibilidad de extraer de la acumulación de todo lo que hay de bueno en el pasado. No se trata solamente de vuestro propio Cuerpo Causal; podéis extraer del bien que ha sido acumulado por toda la humanidad en las dos Edades de Oro pasadas, los dos millones de años durante los cuales han tenido lugar incorporaciones en este mundo.

¡Aqui hay poder en reserva! Es energía que ha sido empleada constructivamente. Está enteramente calificada con la perfección y constituye un depósito del poder de la vida que puede contribuir a ayudar a mantener la pureza; a liberar ahora al mundo y a ponerlo fuera del alcance de las fuerzas destructivas o más bien arrancar la presa de las fuerzas sacrílegas que tratan de destruir.

En los registros etéricos, por encima de los desiertos de este mundo, es donde se encuentra concentrado el poder de la pureza y de la energía empleada constructivamente en el pasado.

Por la afirmación "YO SOY, la resurrección y la vida de la pureza de las dos primeras Edades de Oro, durante las que la humanidad se ha incorporado sobre la Tierra, que surge con un poder invencible para proteger todo lo que es constructivo", se añadirá poder a vuestras actividades constructivas y formará una barrera contra lo que trata de producir discordia.

Cuando decís: "YO SOY, la puerta abierta que nada de lo humano puede cerrar, dando acceso al depósito de poder universal, para producir la perfección en este mundo" penetráis en nuestra Octava de los Maestros Ascendidos y los grandes reinos del Fuego Sagrado que controlan, para siempre, este sistema de mundos.

Estas dos afirmaciones son muy poderosas. Si llegáis a comprenderlas y a realizar qué poder suplementario dan a todo lo que habéis acumulado individualmente, ello me permitirá anclar personalmente, donde se acepte mi presencia, un otro registro etérico de lo que es constructivo, en las actividades del mundo exterior. Seguidamente, atraeré el Fuego Sagrado y esto constituye una reserva suplementaria de poder en vista de un cumplimiento constructivo más rápido.

La resurrección es la actividad de la Llama Violeta Consumidora que eleva la vida por encima de la discordia humana. Cuando el Bien-Amado Jesús dijo: "YO SOY, la resurrección y la vida", el YO SOY al que Él se refería era el Fuego Sagrado del Gran Sol Central y este Fuego Sagrado es la vida de todo lo que constructivo.

YO SOY la Ascensión en la Luz

La Ascensión a la Octava de los Maestros Ascendidos es la manifestación de la perfección y la predestinación del Plan Divino para cada ser individualizado. Es la finalidad de toda incorporación física y es la única cosa de real importancia en la vida humana.

Vuestra propia Ascensión depende de la expansión de vuestra propia luz; de la expansión de la llama de vuestro corazón; de la expansión de vuestro amor hacia la vida y de la intensidad de vuestro deseo de liberar la vida de la aflicción de las sombras humanas. Vuestra Ascensión depende también de la orden que déis a vuestro amor para que se expanda y propague la luz que eleva la vida a una mayor libertad. Esto deviene un poder de Ascensión automático para vosotros mismos.

Por consiguiente, es muy importante que colméis el mundo a vuestro alrededor con los divinos Deseos ejecutados y las manifestaciones de lo que vuestra propia Presencia YO SOY quiere realizar. Pedid a continuación a vuestra presencia que gobierne vuestro mundo exterior, que entre vosotros y que os gobierne interiormente, es decir, vuestro cuerpo emocional.

El corazón ardiente de Dios es la autoridad superior del Universo y, si visualizáis su presencia y pedís que su poder sea en vosotros y en vuestro mundo como una adoración constante de Dios, tendréis experiencia que os elevarán hacia las alturas de la libertad y asegurarán vuestra victoria para siempre.

Bien-Amado David Lloyd ha dicho·

Para ganar vuestra Ascensión como Yo lo hice, dad, cada día, una bendición consciente a todo lo que os ha ayudado en el mundo físico. Agradeced todo con este amor que os libera de toda conexión con todo en este mundo, salvo con vuestra Bien-Amada Poderosa Presencia YO SOY y el coro de los Maestros Ascendidos. Vivid entonces en el sentimiento de esta onda de amor cuya bendición os liberará, un día, de toda calificación humana que haya sido impuesta sobre no importa qué.

Cuando penséis en Mí, tratad de sentirme como ascendido y saturad la energía de vuestro cuerpo físico y la atmósfera alrededor de vosotros con este sentimiento. Cuando más me sintáis, lo mismo que este amor, que era mío en el momento de mi Ascensión, más os elevará, lo mismo que a vuestro mundo. Por su acción ascensional natural, os ayudará un día a completar el peregrinaje secular a través de la aflicción del mundo.

Id hacia adelante y, simplemente, bendecid todo con este amor que purifica y libera, hasta que el hecho de dar la libertad a los otros os habrá automáticamente aportado la vuestra.

Mantened la imagen de un óvalo de luz en vuestro corazón y aceptadlo como mi amor y esto me permitirá haceros sentir de manera más real el sentimiento de la Ascensión del cuerpo. Esto os ayudará a realizar y a expandir la Llama Espontánea de vuestro corazón y a permitir que su amor bendiga todas las cosas que habéis empleado en este mundo.

Instrucción Concerniente al "Día de la Ascensión"

A)   Después del mediodía del día precedente hasta el mediodía del día siguiente a la fiesta de la Ascensión de Bien-Amado Jesús, tratad de vivir concentrados en vosotros mismos y haciendo la llamada para el cumplimiento cósmico victorioso de la Ascensión de cada ser en América y en el mundo.

Haced llamada al poder cósmico del Cristo y a su más poderoso amor, y pedid a los ángeles que dirigen la Llama Azul que la difundan por doquier.

Entonces los humanos sentirán la atracción de la luz y elevarán su atención suficientemente para permitir a la atracción magnética de las alturas de la creación, de donde toda vida sale, obrar sobre el Yo Exterior, y apartarlo de la miseria de sus propia creaciones seculares.

B)   En el momento e inmediatamente antes de la Ascensión, cuando el Yo Exterior persiste en su amor hacia su Bien-Amada Poderosa Presencia YO SOY, la presencia detiene la lucha y elimina la presión del Yo Exterior consumiendo la discordia.

Cuando la presencia vierte su amor en la Llama Violeta Consumidora envolviendo al Yo Exterior, se disuelve y consume toda vibración de discordia.

La impureza desaparece; la luz interior toma expansión; el amor de lo alto se une a la luz de abajo y la eleva hacia él hasta que la fusión se produce y ya no resta sino el gran Amor Divino

Este proceso de Ascensión no crea ninguna tensión: se cumple sin esfuerzo exterior.

C) Antes de entrar en el gran silencio, pedid la comprensión y el uso de todos los poderes del Fuego Sagrado de Jesucristo Ascendido durante los tres días de la Ascensión.

Pedid el recibir la comprensión y el uso de todos los poderes que Jesús empleaba cuando producía ciertas manifestaciones que no era prudente explicar al mundo exterior de aquella época.

Pedidle, por el poder del Fuego Sagrado que Él dirige, que os enseñe a hacer lo que Él hizo.

Recibiréis una gran Iluminación; constataréis con sorpresa que disponéis de un dominio sobre las circunstancias del mundo exterior.

D) Si tenéis el deseo de aprender más en lo concerniente a la Ascensión y pensando en la vuestra, preguntáos lo que experimentaríais haciéndola; entonces haced llamadas a mí —David Lloyd—, Yo vivía a la espera de mi Ascensión; durante más de cincuenta años no desee sino esto, mis queridos. Incluso el Maestro Jesús no tuvo una tal fuerza-viva (momentum) de deseo. Hay, por consiguiente, un muy profundo registro en mi sentimiento y si queréis saber cuán profundos son mi sentimiento y mi deseo de la Ascensión en mi corriente de vida, entonces pedidme que os ilumine y que os dé el sentimiento de mi deseo y el gozo de la victoria de la Ascensión.

E) La protección de América, vuestra propia protección; la manifestación de la Edad de Oro que comienza; la manifestación de vuestra Ascensión; todo depende de vuestra aceptación del control del Fuego Sagrado en vosotros y en el mundo alrededor de vosotros; en la posesión y el control del Fuego Sagrado en vosotros en vista de vuestra Ascensión. El Fuego Sagrado es el poder por el cual cumpliréis vuestra Ascensión. Ni la menor imperfección mora en el Fuego Sagrado. El amor es el mayor poder en el corazón del Gran Sol Central. Es el poder que mantiene la manifestación de este sistema de mundos. Es el poder que os da vuestra incorporación. Es el poder que os sostiene en todo lo que es constructivo. Ninguna diferencia hay en que sea el Fuego Sagrado de la Llama Violeta Consumidora; o la Llama Espontánea o el Relámpago Azul de pureza. Poco importa lo que llaméis en manifestación, será siempre una manifestación controlada por el amor de la perfección para la vida y no podéis fallar.

La Ley Cósmica es suprema y exige de la vida que la Ascensión se alcance por el poder del amor de los Maestros Ascendidos porque los seres no ascendidos no llegan a engendrar bastante el puro amor y a mantenerlo puro el suficiente tiempo y a ser constructivos el suficiente tiempo para mantener la guardia hasta el momento del cumplimiento de la Ascensión.

He ahí porqué los humanos no ascendidos tiene necesidad de ser envueltos en la Llama de Nuestro amor, que mantiene la protección y da la fuerza necesaria para permitir a los seres individualizados alcanzar la victoria de la Ascensión.

(Bien-Amado Enviado Nº 1)

Godfré - La Llama Espontánea

Mis Bien-Amados: Es extremadamente importante que tengáis una comprensión muy clara de lo que representa la Llama Espontánea.

En "Misterios Develados", encontráis una descripción de ella bajo la forma de tres plumas que se encuentran en la Cámara de la Luz. Esta Llama Espontánea es la fuente dispensadora de la esencia de vida. El empleo de la Llama Espontánea era conocido en la capital del Amazonas, que se hundió como se describe en "Misterios Develados". Era igualmente conocida en La Atlántida y en otras civilizaciones que se remontan a un período de doscientos mil años. En aquella época, la forma dada a la llama era la de una llama de un cirio, pero considerablemente de mayor tamaño. Es la forma que conviene adoptar en el empleo corriente de la Llama Espontánea.

Cuando deséeis establecer la Llama Espontánea en una habitación especialmente reservada a este uso, es necesario tomar la forma de la actividad de las tres plumas.

Cuando queráis recurrir a la Llama Espontánea para una actividad específica para vosotros mismos, vuestras familias y vuestros asuntos, es necesario tomar la forma de una llama ordinaria como de un cirio, pero más grande. Así, pues, cuando se trate de establecer la actividad dispensadora de vida de la Llama Espontánea de manera permanente, es necesario tomar la forma de tres plumas; al contrario, si se trata de un empleo dinámico de la llama para alcanzar un objetivo temporal, conviene la forma ordinaria de una llama.

Al establecer la actividad dispensadora de vida de la Llama Espontánea, es necesario pedir a la Poderosa Presencia YO SOY que la mantenga. A continuación, no tenéis ya que preocuparos más, porque la Llama Espontánea se establecerá y difundirá su radiación continuamente.

En el empleo de la forma ordinaria, podéis hablar a esta llama como a un ser vivo y pedirle de manera precisa el cumplimiento de un servicio constructivo y comprobaréis que la llama lo hará.

Mis Bien-Amados: Os pongo muy seriamente en guardia sobre un punto: No llaméis jamás a la Llama Espontánea en actividad cuando vuestros sentimientos estén alterados, por poco que sea. No hay ningún peligro en el empleo de la Llama Espontánea, pero es ésta la más potente concentración del Todopoder Divino existente en la Tierra. Su acción intensificaría la menor perturbación de vuestros sentimientos. Se necesita primero, por consiguiente, establecer una perfecta armonía y tranquilidad en vosotros antes de llamar a la llama y continuar guardando la paz y la serenidad después de la llamada. Todos sois capaces de controlaros completamente si lo queréis.

No aceptéis jamás la sugestión de lo contrario. Habéis entrado en la actividad de la luz que os liberará. El empleo de la Llama Espontánea es la actividad más maravillosa que haya sido dada para la bendición de la humanidad. Es una realidad y conoceréis la verdad en estas palabras cuando pongáis en práctica las indicaciones.

Haciendo la llamada a la Llama Espontánea y visualizándola se manifestará tan claramente como una actividad física, Cuando comprobéis que esta llama obedece a vuestros menores deseos constructivos, tendréis la prueba de que ella no es imaginaria. Las flores y los árboles se inclinan al paso de un Maestro Ascendido —así, todo ser creado se inclina ante la poderosa Llama Espontánea. Las fuerzas siniestras la temen más que a la muerte y, por un solo, firme mandato en el nombre del poder de la Llama Espontánea o del poder de los Tres por Tres, podéis expulsar las fuerzas siniestras y a las entidades desencarnadas.

Saint Germain desea que tengáis la plena comprensión y todas las ventajas del empleo de la Llama Espontánea porque prestáis gozosamente y de buen corazón obediencia a lo que se os pide. Prácticamente, si hay uno u otro punto que no esté completamente claro, os incito a que pidáis a vuestra Poderosa Presencia YO SOY y a un Maestro Ascendido su iluminación en lo concerniente a esta materia. No permitáis a vuestra consciencia que vacile cuando hayáis comenzado a dar una afirmación o decreto, persistid por lo contrario, id hacia adelante, llamando siempre a la luz y veréis y sabréis lo que hay que hacer, a medida del transcurso de los acontecimientos.

Consejos Dados por Godfré

Por sus llamadas a la presencia, los estudiantes se hacen muy sensitivos y detectan inmediatamente la naturaleza de las vibraciones emitidas por los seres, en el primer contacto. Aquí es donde la fuerza siniestra les tiende una trampa muy sutil.

Los estudiantes se dicen: esta persona es de esta manera o de la otra; tiene tal cualidad o tal defecto. ¡Esto es exactamente lo que nunca hay que hacer!

En lugar de prestar atención a estas cosas discordantes y de hacerlas pesar sobre este ser es necesario aplicar la Ley y decir: ¡Poderosa Presencia YO SOY! Hay algo que no va bien aquí. Este sentimiento no viene de ti. Si esta vibración está en mí, aniquila causa, efecto, registro y recuerdo. Reemplaza esto por la sustancia-luz y el sentimiento de los Maestros Ascendidos. Guarda mis sentimientos en tu corazón. Si la vibración viene del exterior y la situación pide ser corregida, entonces carga la Llama Violeta a mi alrededor, ¡protégeme y destruye la causa!".

Si es un otro ser el que presenta apariencias de discordia, hablaréis a la Poderosa Presencia YO SOY de ese individuo diciendo: "¡Poderosa Presencia YO SOY! Cárgalo de sentimiento y de la sustancia-luz de los Maestros Ascendidos. Dale la fuerza necesaria para ganar su victoria. Retira de mí el recuerdo de esta imperfección y cólmate con la Sustancia-Luz de los Maestros Ascendidos ¡Poderosa Presencia YO SOY, que mi atención permanezca fija en ti y mantén tu paz en mí!"

Mis Bien-Amados: Tenéis ahora el conocimiento y el uso de la Llama Espontánea, y os es necesario estar en armonía perfecta y restar obediencia a lo que precede y tendréis entonces la protección; pero si rehusáis, no os asombréis si os sobrevienen accidentes. (Os transmito esto como Saint Germain me lo ha dado.)

Los estudiantes que saben que son la autoridad y el poder de la Llama Espontánea y del Fuego Sagrado para corregir situaciones y que, en lugar de emplearlos, dejan que su atención se fije en esta discordia no están al abrigo de accidentes. Algunos incluso han pagado este error con su vida.

Elohim Ciclopea

¡Por el nombre, el amor, la sabiduría, el poder, la autoridad y la invencible victoria de mi Poderosa Presencia YO SOY y el amor invencible del Fuego Sagrado; Yo cargo a través de mi forma física, al instante, las magníficas actividades invencibles dirigidas desde el Royal Titon; estos potentes rayos de luz cósmica y estas actividades del Fuego Sagrado! Yo las dirijo a las actividades físicas de la humanidad. Yo mantengo esta invencible llama en acción, hasta que la supremacía de la justicia divina se manifieste en todas las cosas, en el instante y para siempre.

Oh, Poderoso YO SOY.

Decretos de Corazón, Cabeza y Mano

Dedicatoria

¡Decretarás asimismo una cosa y te será firme!

A cada momento todo hombre o mujer crea su propio futuro. La vida, siendo un don de Dios, continuamente actúa para llevar a cabo los deseos explícitos o implícitos del hombre. Los pensamientos y sentimientos humanos son en sí mismos decretos, y producen, con certeza y con justicia, de acuerdo a su naturaleza, alegría o pesa. Aunque viven en un océano de sabiduría, la mayoría de los hombres crean en la ingorancia. Sus vidas por consiguiente, son una mezcla tanto del bien como del mal, una caótica expresión de la llamada rueda de la fortuna.

Creyendo que tanto hombres como mujeres honrados, desean librarse del cautiverio auto-impuesto y liberarse de pensamientos y sentimientos de infelicidad —por mucho tiempo soportados pero nunca curados— estoy ofreciendo estos decretos al mundo bajo el Sol del Amor y de la Luz Divina, su constante y fiel uso sembrará en la tierra siempre fértil de la consciencia humana, semillas de gracia y brotes de piedad. Éstos a su vez, darán la cosecha de una nueva vida, una consecha personal de armonía y abundancia, rápidamente realizada a tu llamado mediante el crecimiento individual y la expansión del Fuego Sagrado de Dios.

Como el bálsamo de Galaad, con estos decretos se ungirán las fatigadas almas de los hijos de la Tierra y se unirán los corazones humanos con las huestes Ascendidas, haciendo de lo humano y de lo divino, una familia que establecerá para siempre la paz y la victoria con la Luz de Dios que nunca falla.

Mientras te entregas diariamente al ritual de la invocación y del decreto, acepta mi bendición personal que extiendo desde el retiro de la voluntad de Dios, aquí en Darjeeling, en nombre de la Gran Hermandad Blanca, de corazón, cabeza y mano.

YO SOY
El Morya
¡ ¡Vondir!!

(Para sellar el Templo y los Chakras)

FuegoVioleta

Corazón

¡Fuego Violeta, divino amor,
arde dentro de este mi corazón!
Sois clemencia verdadera siempre,
Mantenme siempre contigo en comunión.

Cabeza

YO SOY luz, tú Cristo en mí,
libera mi mente para siempre;
Fuego Violeta, brilla por siempre
en lo profundo de mi mente.

Dios que me das el pan cada día,
de Fuego Violeta mi cabeza llena,
hasta que tu celestial resplandor,
de mi mente haga mente de luz.

Mano

YO SOY la mano de Dios en acción,
logrando victorias todos los días:
la satisfacción más grande de mi alma pura
es caminar por la Vía Media.

(Para sellar el Templo y los Chakras.)

Tubo de Luz

Amada, resplandeciente Presencia YO SOY,
sella a mi rededor tu Tubo de Luz
de la llama de Maestros Ascendidos,
ahora invocada en el mismo nombre de Dios.
Deja que mantenga mi templo liberado
de toda discordia de mí enviada.

YO SOY el que invoca Fuego Violeta
para que inflame y transmute todo deseo,
siguiendo en nombre de la libertad,
hasta que YO SEA uno con la Llama Violeta.

(La llama de la Misericordia, la Llama Violeta)

Perdón

YO SOY el perdón, aquí actuando,
toda duda y temor expeliendo,
los hombres para siempre liberando
con alas de victoria cósmica.

YO SOY El que invoca con pleno poder
el perdón a toda hora;
a toda vida en todo lugar
Yo inundo con la gracia del perdón.

Provisión

YO SOY libre de temor y duda,
rechazando toda pobreza y miseria,
sabiendo ahora que toda buena provisión
del reino del cielo siempre viene.

YO SOY la mano de la fortuna del mismo Dios,
despidiendo tesoros de luz.
Ahora, plena abundancia recibiendo
para proveer todo menester de la vida.

Perfección

YO SOY, vida, de dirección Divina,
enciende en mí Tu luz de la verdad.
Concentra aquí toda la perfección Divina,
de toda discordia libérame.

Ponme y mantenme siempre anclado,
en la justicia de tu plan.
YO SOY la Presencia de la perfección,
viviendo la vida de Dios en el hombre.

Trasnfiguración

YO SOY el que todas la vestes cambia,
las viejas para el resplandeciente nuevo día;
con el Sol de la Sabiduría,
estoy todo el camino iluminando.

YO SOY luz por dentro, por fuera;
YO SOY luz que está por todas partes.
¡Lléname, líbrame, glorifícame,
séllame, sáname y purifícame!
Hasta que transfigurado me describan:
YO SOY el que brilla como el Hijo,
YO SOY el que brilla como el Sol.

Resurrección

YO SOY la llama de la Resurrección,
destellando la luz pura de Dios en mí.
Ahora YO SOY el que eleva a cada átomo,
de toda tiniebla libre YO SOY.

YO SOY la luz plena de la Presencia de Dios,
YO SOY el que vive siempre libre;
ahora la llama de la vida eterna,
se eleva hacia la victoria.

(Elevación del Kundalini, Fuego Sagrado de la Madre)

Ascensión

YO SOY la luz de la Ascensión
la victoria que fluye libremente,
todo lo Bueno logrado al fin,
para toda la eternidad.

YO SOY luz, todo peso se ha desvanecido,
hacia el aire Yo me elevo;
sobre todos derramo con pleno poder divino
mi maravilloso canto de alabanza.

¡Salve a todos! YO SOY el Cristo vivo,
El que está amando siempre.
Ascendido, ahora, con pleno poder divino,
¡YO SOY un Sol resplandeciente!

Presencia YO SOY, sois el Maestro

Presencia YO SOY, sois el Maestro,
Presencia YO SOY, ¡abrid el camino!
Dejad que vuestra luz y todo vuestro poder
tomen su posesión aquí en esta hora!
¡Avanza con el poder de la victoria,
destella el relámpago azul, haz replandecer
vuestra substancia!
Desciende a esta vuestra forma
que esa perfección y su gloria
resplandecerá y ¡a la Tierra trascenderá!

(El poder de la palabra que habla)

Afirmaciones Transfiguradoras de Jesús el Cristo

YO SOY EL QUE YO SOY[*]

YO SOY la puerta abierta la cual nadie puede cerrar

YO SOY la luz gue alumbra a todo hombre que viene
  a este mundo

YO SOY el camino

YO SOY la verdad

YO SOY la vida

YO SOY la resurrección

YO SOY la ascensión en la luz

YO SOY el que satisface todas mis necesidades
  y los requisitos de cada hora

YO SOY provisión abundante derramada sobre toda la vida

YO SOY el perfecto ver y oír

YO SOY la manifestación perfecta del ser

YO SOY la luz ilimitable de Dios manifestada
  en todas partes

YO SOY la luz del Santo de los Santos

YO SOY un hijo de Dios

YO SOY la luz en el santo monte de Dios

---

* El nombre de Dios es YO SOY y se pronuncia dos veces en el nombre de Dios una vez para el Cielo y una vez para la Tierra. Significa "YO SOY el que está en la Tierra como aquél YO SOY el que está en el Cielo". Es la afirmación del ser, como es arriba es abajo. Para fines de su uso como afirmación, el estudiante debe acostumbrarse a repetir el nombre de Dios haciendo énfasis en el YO como Ego Dívino, quien se encuentra arriba como Dios y abajo manifestándose en su corazón como la llama de la Trinidad.

(El poder de la palabra que habla)

YO SOY Luz
por Kuthumi

YO SOY Luz, luz resplandeciente,
luz radiante, luz intensificada.
Dios consume mi tiniebla
transmutándola en luz.

Este día YO SOY un foco del Sol central.
A través de mí está fluyendo un río cristalino.
Una fuente viviente de luz
que nunca puede ser modificada
por pensamientos y sentimientos humanos.
YO SOY una avanzada de lo Divino.
La tiniebla que me ha usado se ha desvanecido
en el poderoso río de Luz que YO SOY.

YO SOY, YO SOY, YO SOY Luz;
Yo vivo, Yo vivo, Yo vivo en luz.
YO SOY la máxima dimensión de la luz;
YO SOY la más pura intención de la luz.
YO SOY luz, luz, luz,
inundando al mundo donde quiera que voy,
¡bendiciendo, fortaleciendo y anunciando
el propósito del reino del cielo!

Himno al Sol
por Helios

Oh, poderosa Presencia de Dios. YO SOY dentro
y detrás del Sol:
acojo vuestra luz — que inunda toda la Tierra—
en mi vida, en mi mente,
en mi espíritu, en mi alma.
¡Irradia y haz resplandecer Vuestra Luz!
¡Rompe las cadenas de la obscuridad y la superstición!
¡Cárgame con la gran claridad de Vuestra radiación
de fuego blanco!
¡YO SOY vuestro niño y cada día seré algo más de
vuestra manifestación!

(Focalización en centro del Ser)

El Nuevo Día
por Vesta

¡Helios y Vesta!
¡Helios y Vesta!
¡Helios y Vesta!
¡Dejad que la luz fluya a mi ser!
¡Dejad que la luz se difunda en el centro de mi corazón!
¡Dejad que la luz se difunda en el centro de la Tierra!
Y dejad que la Tierra se transforme en el Nuevo Día!

(La purificación de los Chakras)

YO SOY la Llama Violeta

YO SOY la Llama Violeta
    que actúa en mí ahora
YO SOY la Llama Violeta
    sólo ante la luz me inclino
YO SOY la Llama Violeta
    en poderosa fuerza cósmica
YO SOY la Llama Violeta
    resplandeciendo a toda hora
YO SOY la Llama Violeta
    relumbrando como un sol
YO SOY el poder sagrado de Dios
    que libera a todos.

El Bálsamo de Galaad

¡Oh, amor de Dios, amor inmortal,
envuélvelo todo en vuestro rayo;
envía la compasión desde lo alto
para elevar a todos hoy!
En la plenitud de vuestro poder,
esparcid vuestros haces gloriosos,
sobre la Tierra y todo lo que en ella hay
¡donde la vida en sombras aparenta estar!
Deja que la luz de Dios destelle
para librar a los hombres del dolor;
elévalos y cúbrelos, Dios,
¡con vuestro poderoso nombre YO SOY!

Protege Nuestra Juventud

¡Amado Padre Celestial! ¡Amado Padre Celestial!
¡Amado Padre Celestial!
Asume hoy el mando sobre nuestra juventud,
haz resplandecer a través de ellos el rayo de la
oportunidad;
deja salir el grandioso poder de la perfección,
amplifica la inteligencia cósmica a toda hora,
protege, defiende su designio Divino,
intensifica el propósito Divino.
YO SOY, YO SOY, YO SOY,
el poder de la Luz infinita
haciendo que resplandezca a través de nuestra
juventud,
manifestando prueba cósmica
aceptable y correcta,
el pleno poder de la Luz Cósmica
para todo niño y niño-hombre
¡en América y en el mundo!
¡Amado YO SOY! ¡Amado YO SOY! ¡Amado YO SOY!

(Para el Chacra Cardíaco y la Llama Trina)

YO SOY la Luz del Corazón
por Saint Germain

YO SOY la Luz del Corazón
brillando en las tinieblas del ser,
y cambiando todo por el tesoro dorado
de la mente de Cristo.
YO SOY El que proyecta mi amor
hacia el mundo para borrar todo error
y romper toda barrera.
¡YO SOY el poder del amor infinito,
amplificándose a sí mismo
hasta que sea victorioso,
en un mundo que no tiene fin!

(Fin de los Decretos de "Corazón, Cabeza y Mano")

(Mandato a la llama)

Espiral Radiante de Llama Violeta

En el nombre de la amada, poderosa y victoriosa Presencia de Dios YO SOY en mí, mi Santo Yo Crístico, el Amado Lanelo, todo el Espíritu de la Gran Hermandad Blanca, la Madre del Mundo y la vida elemental de fuego, aire, agua y tierra, Yo decreto:

¡Radiante espiral deLlama Violeta,
desciende y resplandece ahora en mí!
¡Radiante espiral de llama violeta,
libera, libera, libera!

¡Radiante Llama Violeta, oh ven,
impulsa y resplandece tu luz a través de mí!
¡Radiante Llama Violeta, oh ven,
revela el poder de Dios para que todos vean!
¡Radiante Llama Violeta, oh ven,
despierta la Tierra y libérala!

¡Resplandor de la Llama Violeta,
estalla y hierve a través de mi!
¡Resplandor de la Llama Violeta,
expande para que todos vean!
¡Resplandor de la Llama Violeta,
establece avanzada de misencordia aquí!
¡Resplandor de la Llama Violeta,
ven, transmuta todo miedo ahora!

Y con plena fe, conscientemente acepto que esto se manifieste, se manifieste, se manifieste (3 v.) aquí y ahora mismo con

pleno poder, eternamente sostenido, omnipotentemente activo, siempre expandiéndose y abarcando el mundo hasta que
todos hayan ascendido completamente en la luz y sean libres.
¡Amado YO SOY, amado YO SOY, amado YO SOY!

(Focalización en el centro del Ser)

LUZ Libérame

¡LUZ, libérame (3 veces)
LUZ ordena, LUZ ordena,
LUZ ordena, ordena, ordena!

¡LUZ exige, LUZ exige,
LUZ exige, exige, exige!

¡LUZ aumenta, LUZ aumenta,
LUZ aumenta, aumenta, aumenta!

¡LUZ "YO SOY", LUZ "YO SOY",
LUZ "YO SOY", "YO SOY", "YO SOY"!

YO SOY UN SER DE FUEGO VIOLETA,
YO SOY LA PUREZA QUE DIOS DESEA.

Arcángel Miguel

1. San Miguel, San Miguel,
   a ti te llamo:
   Esgrime tu espada de Llama Azul y libérame ahora.

2. San Miguel, San Miguel,
   Yo te amo;
   con tu gran fe
   imbuye mi ser.

3. San Miguel, San Miguel
   y legiones azules,
   vengan, séllenme y manténganme
   fiel y leal.

Coda:

YO SOY con tu Llama Azul
ahora saturado y bendito
YO SOY ahora revestido
con la armadura de Llama Azul del Arcángel San
Miguel.

Refrán:

Enciende el poder de Dios,
protege mi mundo ahora,
tu estandarte de fe
sobre mí despliega;
trascendente Rayo Azul
destella ahora a través de mi alma
YO SOY por la misericordia de Dios
hecho radiante e íntegro.

(Plegaria a San Miguel y a los siete Ángeles Guardianes)

A los Siete Arcángeles

Miguel, Miguel, Miguel, Príncipe de los Arcángeles
de los corazones llenos de gratitud, brotan canto de alabanza.
Por tu Presencia Celestial todo el mundo te adora,
Dios desde el Sol en todo nombre implica.

Miguel, Miguel, Miguel que los Ángeles Guardianes,
de tus legiones celestiales vengan a librar a todos.
Purifica, ilumina y manifiesta la gloria
de la perfección de la luz que cada uno puede ser.

Jofiel y Chamuel, Gabriel y Rafael,
Uriel y Zadquiel, y poderosas Huestes de Luz.
Querubines y Serafines de los Reinos de Gloria
corran ahora el velo que ofusca nuestra visión humana.

Siete Arcángeles benditos, pidiendo iluminación
invocamos su Presencia en himnos de alabanza a Uds.
Manténganos consagrados al cumplimiento del Plan de Dios
en Pureza, para ser sus Siervos.

(Protección de viaje)

Plegaria a San Miguel

¡San Miguel delante, San Miguel detrás,
San Miguel a la derecha, San Miguel a la izquierda,
San Miguel arriba, San Miguel abajo,
San Miguel, San Miguel dondequiera que vaya!
¡YO SOY su amor protegido aquí! (3 v.)

Tratamiento Curativo de Luz Proyectado al Ser que lo Necesite

Amada Magna Todopoderosa Presencia de Dios "YO SOY" en (............) y en cada ser que amorosamente necesite este tratamiento.

Llama Violeta: Amadísima Presencia, en Tu nombre, invoco (3) la LLAMA VIOLETA, limpiando toda partícula de apariencia, "YO SOY" difundiendo, vigorizando y expandiendo este líquido VIOLETA del perdón y la transmutación, en cada una de las células, hasta que estén sanadas y liberadas de esta apariencia.

Llama Azul: "YO SOY", "YO SOY", "YO SOY", la RESURRECCIÓN Y LA VIDA de la FE DEL PADRE y su poder autosostenido, equilibrando y expandiendo en cada partícula de apariencia su LLAMA AZUL, para que la voluntad del Padre se manifieste incesantemente en este tratamiento.

Llama Amarilla: "YO SOY", "YO SOY", "YO SOY" la RESURRECCIÓN Y LA VIDA de la sabiduría e inteligencia divina del Padre, ILUMINANDO a cada ser en el patrón a seguir en esta curación, derramando en ella toda la ENERGÍA necesaria para su salud perfecta.

Llama Rosa: "YO SOY", "YO SOY", "YO SOY" la RESURRECCIÓN Y LA VIDA del Amor Divino, armonizando y expandiendo amor en cada tejido en cada célula, en cada nervio hasta que esté vitalizado y armonizado en todo su perfecto equilibrio.

Llama Blanca: "YO SOY", "YO SOY", "YO SOY" la RESURRECCIÓN Y LA VIDA de la LLAMA BLANCA de purificación, de toda la perfección en tu Mundo y tu Plan Divino en cumplimiento ahora mismo.

Llama Verde: "YO SOY", "YO SOY", "YO SOY" la RESURRECCIÓN Y LA VIDA de la LLAMA VERDE de vida y curación, impulsando y proyectando esta partícula imperfecta hasta que esté limpio y sanado.

Llama Oro y Rubí: "YO SOY", "YO SOY", "YO SOY" la RESURRECCIÓN Y LA VIDA de la LLAMA ORO Y RUBÍ de la substancia de curación y la provisión en este ser, proyectando su LUZ en cada tejido, vitalizándolo y llenándolo de VIDA, GRACIA, CURACIÓN Y PAZ.

¡GRACIAS PADRE! PORQUE YA TE ESTÁS MANIFESTANDO EN ESTE SER, CON TU PERFECCIÓN DIVINA Y TU SALUD PERFECTA.

Bendición y Decreto del Gran Director Divino

¡¡Amados Estudiantes!! Sed la victoria de la Octava de los Maestros Ascendidos aquí abajo. Mandad con gozo. Incluso una pequeña fuerza viva en esta actitud y este decreto hará brotar la llama que transmuta toda apariencia. Os ofrezco la autoridad de mi amor a fin de conduciros sin lucha y sin tropiezos al dominio de la vida.

¡¡Os envuelvo en la felicidad del amor milagroso de la presencia visible y tangible del Fuego Sagrado: en la presencia solar de vuestra victoria para siempre!!

YO SOY el amor milagroso de la autoridad del Gran Director Divino sobre toda la vida y Yo moro en su amor milagroso del Fuego Sagrado.

Decreto del Estudiante al Gran Director Divino

En el nombre del amor, de la sabiduría, del poder, de la autoridad y de la victoria de mi propia Poderosa Presencia

"YO SOY", yo pido, yo mando, yo insisto y "YO SOY" esta poderosa presencia que obliga y mantiene para siempre: ¡YO SOY la presencia iluminadora, purificadora, consumidora, liberadora, victoriosa y que eleva todo lo que yo contacto!

Yo reivindico toda la herencia de mi propia llama divina de la Poderosa Presencia "YO SOY" y yo pido, yo mando que mi ser y mi entorno sean su manifestación a fin de bendecir toda vida por su invencible victoria y su libertad de la luz para siempre jamás.

"YO SOY", el amor milagroso de la autoridad del Gran Director Divino sobre toda vida y yo moro en su amor milagroso del Fuego Sagrado.

TITULOS DE
ESTA COLECCION

Impreso en los talleres de
COLOR PRINT,
ubicados en Garrido #76
Col. Aragón la Villa,
Méx. D.F. Tel. 7 81 44 32